英語のフレーズ研究への誘い

開拓社
言語・文化選書
81

英語のフレーズ研究への誘い

井上亜依 著

開拓社

は し が き

　国際連合が発表した World Population Prospects: The 2017 Revision によると，現在の世界人口は 76 億人と述べています。そのうち何人が英語を使用しているのでしょうか。Statista は，18 億 7500 万人が英語を使用している，と述べています。この 18 億 7500 万人のうち，英語母語話者は 3 億 7500 万人です。つまり，英語を母語としない英語使用者（15 億人）は英語母語話者よりはるかに多いことがわかります。また，18 億 7500 万人という数字は世界人口のうち約 24％，約 4 人に 1 人が英語を使用しているということです。この状況は，英語がさまざまな場面で lingua Franca（リンガ・フランカと読み，共通の言語を持たない集団や場面で意思疎通として使用される言語のことです）としての地位を確立していると言っても間違いではありません。この lingua franca としての英語を使用する 15 億の人たちは，どのように勉強しているのでしょうか。

　ヨーロッパなどの多言語社会の国々に行くと，英文法的には正しくない，英単語の発音やストレスの位置は違うけれど自らの意見や考えを英語で流暢に話す人々（英語圏への留学有無は関係ありません）に出会い，さまざまな方面で活躍している場面に遭遇します。一方，日本人英語学習者は英文法や英語の音声的特徴を正しく理解（＝ input）できていても，その理解に各々の学習者が持っている知識を合わせ，その理解と知識の集合を十二分に活用して自らの意見を的確に表現する（＝ output）ことが苦手な人が

v

多い気がし，限られた人のみが活躍しているような感覚を覚えます。このような日本人英語学習者の状況は非常に残念で，今後改善すべきものです。では，英語圏の留学の経験の有無は考慮に入れず，流暢に英語を話す人とそうでない人の違いはどこから生じるのでしょうか。

　両者とも基本的な文法知識を備えていますが，流暢に英語を話す人々は英文法知識を活用する以上に英語母語話者が使用している「表現」を効果的に多用しています。一方，英語を話すことがそれほど得意でない人たちは，その「表現」を巧みに使用することができていないため，よい内容を述べていてもなかなか伝わらないという残念なことがあります。その「表現」とは，馴染みのある英単語2語以上から成り立つ繰り返し使用される語結合を指します。この語結合は，英語ではフレーズ（phrase），日本語では定型表現と言います。日本でもそうですが，英語を勉強する人たちのために，このようなフレーズを記載した本や辞書をよく見かけます。このフレーズ使用の有効性は，次に述べる教育学観点からも明らかになっています。

　Howarth（1998）は，イギリス人が書く論文などの学術的文章とイギリスに留学している留学生が書く同様の文章にどのような違いがあるのか比較・研究しました。その結果，留学生が書く文章は文法的には正しいけれど，英語母語話者が使用しているコロケーション（フレーズの一種で，たとえば，carefully investigate（入念に調査する）のような結びつきが強い習慣的な語と語の繋がりのことです）と異なるものを使用しているという点において顕著な差が生じる，そのため留学生が書く文章は英語らしさに欠けている，ということを明らかにしました。このことから，英語を

英語母語話者が使用しているものに近づけるには，状況や場面に応じたフレーズを効果的に学習し，使用すればよいということがわかります。そして，そのようなフレーズを結びつける調整役として文法知識が必要です。このようなフレーズに重きを置いた学習方法は，これまでの文法に重きを置いた学習方法とは異なるので半信半疑の人もいるかもしれません。しかし，実際にこのようなフレーズの学習により lingua franca として英語を活用している人々がいることは事実です。

　本書は，英語を研究対象としたこのフレーズ（英語定型表現）を研究する学問領域（English phraseology，日本語では英語定型表現研究と言います）を簡潔明瞭に説明をし，どのような英語定型表現が英語定型表現研究では取り扱われているのか，英語定型表現の種類と定義，なぜ英語定型表現なのか，研究手法，具体的な研究成果を述べます。本書の内容により，英語定型表現研究の理解と研究が進み，それに基づいた学習に光が当たることを望みます。

　本書の構成は，次の通りです。第 1 章は，英語定型表現研究の研究を行うための基本的事項（定義，研究対象となる英語定型表現とその定義，成立の背景，改善点，研究手法，研究成果を説明するための概念，英語定型表現の形成方法とストレスパタンルール）を説明します。第 2 章から第 6 章は，具体的な英語定型表現の実態を明らかにすることで英語定型表現研究の理解に努めます。第 7 章は，本書で扱った英語定型表現の形成方法と英語定型表現研究の英語教育学への活用を述べます。その後，あとがきとなります。

　本書は，平成 27 年度～平成 28 年度の科学研究費補助金（課

題番号：15K16779）と平成 29 年度〜平成 31 年度の科学研究費補助金（課題番号：17K13480）の研究を基に着想を得て執筆しました。また本書は，平成 30 年度の科学研究費補助金（出版助成，課題番号：18HP5065）の成果（『英語定型表現の体系化を目指して──形態論・意味論・音響音声学の視点から』）を活用することができました。このような科学研究費補助金による研究成果の一部を出版することができ，心より日本学術振興会に感謝します。

　最後になりましたが，次に述べる方々に謝意と敬意を表します。本書に対して的確なコメントをしてくださった八木克正先生（関西学院大学名誉教授）には，幸甚の至りです。遠方にいながらも，常に応援してくださる掛田良雄先生（防衛大学校名誉教授）にも衷心より御礼申し上げます。これまでの研究活動も含めて，本書を作成・出版するという貴重な機会を与えていただいた開拓社には心から感謝します。とりわけ，川田賢氏には何から何までご尽力を賜り，高い識見に万謝します。

　2019 年 3 月

井上　亜依

目　　次

はしがき　*v*

図・表一覧　*xiii*

本書で使用した略語一覧　*xiv*

第1章　英語定型表現研究の基本的概念 ……………………… *1*

1. はじめに　*1*
2. 定義と取り扱う研究対象　*4*
3. 成立の背景　*9*
4. 英語学の一分野　*11*
5. 改善点　*12*
6. 研究手法　*13*
7. 研究成果　*20*
8. 形成方法とストレスパタン　*23*
9. 本書で明らかにすること　*26*
10. 本書で活用する概念　*27*
   10.1. イディオム性　*27*
   10.2. 前置詞　*29*
   10.3. 言語経済の法則　*32*
11. おわりに　*33*

第2章　変化形イディオム take care for, take care about,
　　　　care of の実態 ……………………………………… *35*

1. はじめに　*35*

ix

x

2. take care of, care for, look after についての先行研究　*37*
　2.1.　辞書　*38*
　2.2.　文法書　*43*
3. take care of のイディオム性　*45*
4. 量的調査　*46*
5. 質的調査　*49*
6. 結果とインフォーマント調査　*54*
7. 本章の応用　*59*
8. おわりに　*59*

第3章　間違いとされてきたコロケーション
　　　　make angry / mad ……………………………………… *61*

1. はじめに　*61*
2. 先行研究　*63*
　2.1.　get と make について　*63*
　2.2.　get angry / mad　*64*
　2.3.　make sb angry / mad　*65*
3. コーパスに基づく量的・質的調査　*66*
4. インフォーマント調査　*69*
5. 歴史的側面からの使用実態調査　*70*
6. 英語定型表現かどうか　*71*
7. 周辺的事象　*71*
　7.1.　[become / go / grow / turn + angry / mad]　*71*
　7.2.　表 3.1 のイディオムの変異　*76*
8. 本章の応用　*77*
9. おわりに　*78*

第4章　これまでの説明を超えた［in spite of + 節］……… *79*

1. はじめに　*79*
2. 先行研究　*80*

2.1. in spite of　*81*
　2.1.1. 辞書　*82*
　2.1.2. 文法書　*84*
2.2. 八木・井上（2004）　*89*
2.3. 住吉（2005）　*91*
3. 研究手法　*92*
4. in spite of＋節　*94*
4.1. 量的調査　*94*
4.2. 質的調査　*97*
4.3. 成立方法　*99*
5. in spite of 以外の譲歩の意味を表す英語定型表現　*100*
6. その他の英語定型表現　*104*
7. 今後の可能性　*105*
8. おわりに　*105*

第5章　形を変えた群前置詞 in accordance to の実態 ⋯⋯ *107*

1. はじめに　*107*
2. 先行研究　*109*
2.1. according to　*110*
2.2. in accordance with　*118*
2.3. compliance と conformance について　*119*
3. これまでの群前置詞の振る舞い　*121*
4. in accordance to の実態　*123*
4.1. 量的調査　*123*
4.2. 質的調査　*124*
4.3. インフォーマント調査　*127*
4.4. 既存の群前置詞との違い　*128*
5. 本章の応用　*129*
6. おわりに　*130*

第6章　見過ごされてきた複合前置詞
　　　—until before と until by を中心に ……………………… *131*

1. はじめに　*131*
2. これまでの記述　*132*
　2.1. *OED*[2]　*134*
　2.2. before　*135*
　2.3. by　*136*
　2.4. until　*139*
　2.5. [前置詞-[前置詞句]] のパタン　*145*
　2.6. (up) until to (Inoue (2011))　*147*
　2.7. リサーチ・クエスチョン　*149*
3. until before と until by　*150*
　3.1. 量的調査　*150*
　3.2. 質的調査　*151*
　　3.2.1. until before　*151*
　　3.2.2. until by　*154*
　3.3. until before と until by の違い　*156*
4. until before と until by は英語定型表現なのか？　*157*
5. until の後にくる前置詞の種類　*158*
6. 本章の活用方法　*163*
7. おわりに　*164*

第7章　英語定型表現成立の形成規則の検証 ……………… *165*

1. はじめに　*165*
2. 本書で扱った英語定型表現の特徴　*166*
3. 英語教育への一提案　*168*
4. おわりに　*169*

xiii

あとがき ………………………………………………… *171*

参考文献 ………………………………………………… *173*

索　引 ………………………………………………… *179*

図・表一覧

〈図〉

図 1.1　English phraseological units（英語定型表現）に含まれる語結合

5

図 4.1　書き言葉と話し言葉で観察された［in spite of＋節］の数　*95*

図 4.2　10年ごとの［in spite of＋節］の数　*95*

図 4.3　［in spite of＋節］の使用数の変遷　*96*

図 4.4　COHA で観察された［regardless of＋節］の数　*103*

図 4.5　COHA で観察された［irrespective of＋節］の数　*103*

図 4.6　COHA で観察された［notwithstanding＋節］の数　*104*

〈表〉

表 1.1　各語結合の特性　*7*

表 1.2　筆者がこれまで扱った英語定型表現の形成方法一覧　*21*

表 2.1　コーパスで観察された take care for, take care about, care of の頻度　*47*

表 2.2　COHA を使用した take care for, take care about, care of の使用回数　*48*

表 2.3　新しい変異の統語的・意味的特徴　*54*

表 3.1　怒りを表す英単語と英語定型表現　*62*

表 3.2　コーパスで観察された make angry / mad の数　*66*

表 3.3　get の類義語の動詞＋angry / mad の頻度　*72*

表 4.1　譲歩を意味する英語定型表現の本来の機能の一覧　*90*

表 4.2　八木・井上（2004）で得られた譲歩の意味を表す英語定型表現の新たな機能一覧　*90*

表 4.3　COCA の各年における［in spite of＋節］の数　*94*

表 4.4　COHA で観察された年代ごとの［in spite of＋節］の数　*96*

表 4.5　譲歩を意味する英語定型表現の接続詞用法の有無　*101*

表 5.1　according to の特徴　*118*

表 5.2　according to, in accordance / compliance / conformance with の特徴　*122*

表 5.3　COHA で観察された in accordance to の年代と用例数　*123*

表 5.4 in accordance to の特徴 *126*

表 6.1 until before, until by の数 *150*

表 6.2 COHA で観察された until before, until by の数 *150*

表 6.3 until before と until by の特徴 *156*

表 6.4 COCA, BNC, WB で観察された until に後続する前置詞

158

表 7.1 本書で扱った英語定型表現の特徴 *166*

本書で使用した略語

コーパスで使用される略語
ACAD: academic
BNC: British National Corpus
COCA: Corpus of Contemporary American English
COHA: Corpus of Historical American English
DANTE: Database of Analysed Texts of English
FIC: fiction
MAG: magazine
NF: Nonfiction
SP: spoken
WB: WordBanks*Online*
WR: written

辞書の略語
COB[8]: *Collins COBUILD Advanced Learner's Dictionary*, 8th edition.
    2014. Glasgow: HarperCollins Publishers.
LDCE[6]: *Longman Dictionary of Contemporary English*, 6th edition.
    2014. London: Longman.
『ロングマン』:『ロングマン英和辞典』2006. 東京:桐原書店.
MED[2]: *Macmillan English Dictionary for Advanced Learners*. New
    edition. 2007. Oxford: Macmillan Education.
OALD[9]: *Oxford Advanced Learner's Dictionary*. 9th edition. 2015. Ox-

ford: Oxford University Press.

OED[2]: *Oxford English Dictionary on Historical Principle 2nd edition on CD-ROM*. (Version 2.0) 2000. Oxford: Oxford University Press.

『ユース』:『ユースプログレッシブ英和辞典』2004. 東京：小学館.

第1章　英語定型表現研究の基本的概念

1.　はじめに

　(1) に示す文は，筆者が習慣的に行っている行動です。その文の空欄に入る行為を表す適当な単語は何か考えてみてください。

(1) a.　毎食後，入念に歯磨きをするとともに口を（　　　）。
　　b.　肌の乾燥を防ぐために，毎朝ぬるま湯で顔を（　　　）。
　　c.　帰宅直後，洗面所で手を洗い，コンタクトレンズをはずし眼鏡を（　　　）。
　　d.　最近は，腕時計を身に（　　　）代わりに，携帯電話を時計として使う。

(1a) は「ゆすぐ」，(1b) は「洗う」，(1c) は「かける」，(1d) は「つける」，が答えです。(1a, b) の場合，同じ「洗う」行為でも，口の場合には「ゆすぐ」という目的語に応じた動詞が使用されます。(1a) は「口を洗う」という表現も文法的には間違いではあ

1

りませんが，どこか違和感を覚えます。(1c, d) の場合，身に付けるものでも目的語によって使用される動詞が決まっています。(1c) の文中にあるコンタクトレンズも眼鏡も目に関するものですが，「コンタクレンズをつける」と同じように「眼鏡をつける」は言いません。眼鏡の場合は，「かける」と言います。また，「眼鏡をつける」はどこかおさまりがよくないと感じる表現です。しかし，コンタクトレンズも眼鏡も「はずす」という同じ言い方をします。(1d) の場合，(1c) と同じ動詞「かける」は腕時計と一緒に用いられません。「腕時計をかける」という言い方は，日本語らしくない表現です。「腕時計」と聞いたら，パッと「つける」という語を思い浮かべ，それを使用するのが一般的かと考えます。このように，「ある語には決まった語が結びつくという好ましい語と語の組み合わせ」が存在します。これは英語の場合でも同じです。

　次の英文を見てください。(2a) は，筆者が訪れたある温泉施設に掲示されていた注意事項の一つです。(2b, c) は筆者が教えている学生が一日に1回は必ず行うであろう行為を英語で表現する場合，どのような組みあわせが適切かを選ぶ小テストの一部です。

　　(2) a. Please do not trouble other guests with a large voice.

　　　　b. コンピュータの電源を入れる：turn on / boot up / click on the computer

　　　　c. 電気を消す：shut down / turn off / delete the light

(2a) は文法的には間違っておらず，「大きな声で他のお客様のご

第1章 英語定型表現研究の基本的概念 3

迷惑にならないようお願いします。」と述べているのでしょうが，不自然な語と語の組み合わせがあります。それは「大きな声」という場合，voice と共に用いられる決まった語は，large ではなく loud で a loud voice が英語らしく好ましい言い方です。(2a) の英文は，あと一歩というところで英語らしさに欠けています。(2b) の computer と相性の良い組み合わせは，boot up であり turn on, click on は使用されません。turn on は the light, click on は click on the right/left mouse button もしくは click on a program's window というような使い方が一般的です。(2c) の the light と共に用いられる好ましい組み合わせは turn off です。shut down と相性がいい語は，a/the computer, a/the door, an/the engine, an/the airport, a/the lift などです。delete であれば，a/the file, a/the document, a/the account, a/the message, a/the sentence などです。

　上記の例であげた口，顔，眼鏡，腕時計，voice などの単語1語を覚えるよりも，「口をゆすぐ」，a loud voice のように単語がどのような単語と結びつくのかを学ぶことにより，日本語らしさ，英語らしさを伴った言語活動が可能になると考えます。そして，この自然な語と語の組み合わせをフレーズ（phrase）と呼び，日本語では「定型表現」と呼びます。そして，このフレーズ（定型表現）を研究する分野を phraseology（フレイジオロジー，日本語では定型表現研究）と言います。

　本章は，英語定型表現研究を行うために必要な考えを説明します。具体的には，(i) 英語を研究対象とした定型表現研究の定義，(ii) 研究対象となる英語定型表現とそれぞれの英語定型表現の定義，(iii) 成立の背景，(iv) 英語学における位置付け，(v) 改善

4

点，(vi) 研究手法，(vii) 研究成果を説明するために必要となる考え，(viii) 英語定型表現の形成方法，(ix) 音声的特徴を述べます。そして，この土台となる考えを基に筆者が取り組んできた英語定型表現の研究成果を紹介し，本書で取り扱う事象について述べていきます。

2. 定義と取り扱う研究対象

英語定型表現研究は，既存の 2 語以上からなる結びつきの強い語結合の研究と定義します。その英語定型表現研究の研究対象となる語結合は，イディオム (idioms)，コロケーション (collocations)，句動詞 (phrasal verbs)，決まり文句 (lexical bundles / formulae)，ことわざ (proverbs / sayings)，談話辞 (discourse particles / markers)，定型句 (fixed phrases)，とします。一般的にこの語結合を総称した用語は phraseological units (定型表現，略して PUs) と呼ばれます。[1] 本書は，英語定型表現を使用します。ここで述べた研究対象を図式化すると図 1.1 のようになります。図 1.1 の注意点は，上記の語結合が同じ分量で存在しているように表記されていますが，実際はそうではありません。どの語結合が多い，少ないを明確にすることは非常に難しいことです。

---

[1] phrasemes と呼ぶ研究もあります。

第1章　英語定型表現研究の基本的概念　　5

図1.1　English phraseological units（英語定型表現）に含まれる語結合

では，図1.1に含まれているそれぞれの語結合の定義を，これまで広く一般的に認められている定義を参考にしながら，語結合の頻度，多義（複数の意味があること），語結合全体の意味の透明性（語結合を構成している各単語の意味を合わせたものが語結合の意味となっているかどうか）という三つの指標に基づき行います。

イディオムは低頻度で，全体の意味が各単語の意味を合わせたものとならず，多義ではありません。たとえば，keep one's head（落ち着いている）のようなものです。

コロケーションは，頻度は低いものと高いものがありますが，どちらとも多義性は帯びません。set up / launch a company（会社を設立する）のようなもので，全体の意味は各単語から想像できます。この二つのコロケーションは，set up a companyのほうが多く使用されます。

句動詞は，「動詞＋副詞」または「動詞＋（副詞）＋前置詞」から成り立つ語結合で，高頻度ですが多義ではありません。全体の意

味は，各単語から想像できるものとそうでないものがあります。look around（見渡す），look up to（尊敬する），put off（延期する）などが該当します。

　決まり文句は，Now you're talking.（そうこなくっちゃ），Thank God / Goddess, it's Friday.（やれやれ，やっと金曜日だ！）［メールやSNS では TGIF と頭文字語として表記されます］，I wasn't born yesterday.（馬鹿にしないでよ）のような会話で使用されるものであり，全体の意味は各単語から想像しやすいものとそうでないものがあります。また，頻度は高いものもあれば低いものもあり，多義ではありません。

　次にことわざですが，Don't teach your grandmother to suck eggs.（釈迦に説法）のように全体として特殊な意味なので，各単語の意味を合わせたものが全体の意味とはなりません。格言的に使用される語結合のため使用場面が限られ，全体的に頻度は低く多義性は帯びません。

　談話辞は，その名称の通り談話（＝会話）で使用される高頻度の語結合です。たとえば，you know, I mean, you see のような各単語を合わせた意味から文脈に応じた意味を発展させるという多義を持つ語結合と，after all（結局のところ），and stuff like that（～とか何か）などの各単語の意味から全体の意味が推測しにくく，文脈に応じた意味を発展させず，ただ談話で使用されるものまでを指します。

　最後の定型句は，Inoue（2007）で扱った you know what, here we go (again), let's say のような高頻度で，文脈に応じて多様な意味を持つ語結合のことです。全体の意味は，各単語の意味を合わせたものから文脈に応じて発展したものまであるという

ように多義です。一方，本書で扱う until before，until by のように単義（一つの意味しか持たないこと）の定型句もあります。多義・単義に関係なく定型句は，これまでの理論や文法規則の範疇を超えた成り立ちのものが多く，これまで見過ごされることが多々あった語結合と言えます。

　上記の定義した語結合は，大きく二つに分類されます。前者6つの語結合（イディオム，コロケーション，句動詞，決まり文句，ことわざ，談話辞）は文法規則を超えて構成されているものではありません。しかし，最後の語結合である定型句は，その定義で述べましたが，文法規則を超えて成り立つものがあります。この7つの語結合を「頻度」，「多義」，「意味的透明性」という3要素と文法規則内の説明で収まるものか否かという分類に基づき，各語結合の特性をまとめると，表1.1のようになります。3要素があるか否かを「＋」，「－」，「±」で表示しています。

表 1.1　各語結合の特性

英語定型表現	頻度	多義	意味的透明性	
イディオム	－	－	－	文法規則内
コロケーション	±	－	＋	文法規則内
句動詞	＋	－	±	文法規則内
決まり文句	±	－	±	文法規則内
ことわざ	－	－	－	文法規則内
談話辞	＋	±	±	文法規則内
定型句	＋	±	±	文法規則外

　表1.1の語結合のうち，筆者はこれまでの理論や文法規則では説明しきれなかったため光が当てられることのなかった定型句に焦点を当て，その実態（意味，機能，成り立ちなど）を明らかに

してきました。それだけでなく，定型句の文法的役割も明らかにしてきました（詳細は Inoue (2007), Inoue (2011, 2012a, b, 2013a, 2014c, 2015, 2017)，井上 (2013b)，八木・井上 (2013) などを参照してください）。

　世界中の英語定型表現研究の研究者が，表 1.1 で示した語結合のどれかを研究対象とし，文化，教育，言語学的な観点から研究を行っています。しかしながら，多くの研究がこれまでの理論等で説明しきれない英語定型表現を扱っているとは言えません。近年は，英語定型表現単体の実態解明の研究だけでなく，英語定型表現がどのような特徴を持つのかに焦点をあてた研究もあります。一例を紹介します。

　Xiao (2015: 114) は，あるコロケーションがどのような構文を持つのかというコロケーションの周辺的な実態を明らかにしています。そして，コロケーションと構文の組み合わせを collostruction (collocation と construction（構文）を合わせたもの) と読んでいます。今後のコロケーション研究は，collostructional analysis（コロケーションの構文分析，'use statistical measures to determine the degree to which particular slots in a grammatical structure attract or shun particular lexical items'（文法的構文内にある特別な枠が特定の語彙項目を引きつける，もしくは避けるかという程度を決めるための統計学的手法)) により行われるべきであると，従来のコロケーション研究から一歩進んだことを述べています。この collostructional analysis は，現在コロケーションの研究で活発に行われています。

　このことからわかることは，英語定型表現研究は，単に英語定型表現のみを研究する中核的な研究から英語定型表現の周辺に存在する構文などを絡めて研究する発展的な研究まである彩り豊か

な研究分野と言えます。

3. 成立の背景

　英語定型表現が，なぜ着目を浴び研究されるようになったのか，英語定型表現研究の成立の背景を本節で述べます。

　まず，言語学的な研究からの成立の背景を述べます。これまでの言語理論によると，人間は単語と文法規則の習得により無限に文を作り出す能力があると考えられてきました。しかし，人間が実際に作文・発話したものに注目し，分析すると，文法規則では説明できない多様な定型表現の存在が明らかになりました。このような定型表現を多数使用することにより，言語らしさをもった作文，発話が可能となります。このことは，どの言語にも共通することです。

　このような背景のもと，英語定型表現研究はコンピューターの発達により作成された電子言語資料収集体（corpus，複数形はcorpora）の発展に伴い，過去30数年間に注目を浴びるようになり現在まで至ります。この言語学的立場からの英語定型表現の研究成果は，英語定型表現研究を専門とする研究者たちが英語定型表現の意味的，形態的，統語論的，音声的特徴などを明らかにした論文や著書などを通して個別で発表されてきました。

　過去30数年以前に，英語定型表現の研究が全く行われなかったかというとそうではありません。約100年以上前に，英語定型表現は教育学的立場から研究が行われていました。これがもう一つの成立の背景です。この教育学的立場からの研究成果は，「英語学習者に有益なのは英語定型表現である」という考えをも

とに作成された辞書の中での記述という形で発信されていました。そして、Palmer[2] (1933: 13) の (3) の発言により、さらに教育学的観点からの英語定型表現研究が進みます。

(3) It will tend to confirm his impression that it is not so much the words of English nor the grammar of English that makes English difficult, but that that vague and undefined obstacle to progress in the learning of English consists for the most part in the existence of so many odd comings-together-of-words.

(ibid.; Cowie (1999: 52f.))

（英語を難しくしているのは、英単語でもなく英文法ではなく、英語学習の進展のためにあの曖昧で漠然とした障害が、大部分において、数多くの奇妙な語の組み合わせにあるという彼の印象を確認することになるだろう）

(3) の発言により、英語学習者にとってどのような英語定型表現が有益であるか、それをどのように提示するかという研究が進み、それが私たちが使用している辞典の中で試行錯誤を繰り返し、創意工夫をこらしながら表示されて現在まで続いています。近年では、英語イディオム辞典、英語句動詞辞典、英語コロケーション辞典、英語談話辞辞典などの英語定型表現を記述した辞典が出版されており、これらを活用して従来の英語定型表現と時代を反映した英語定型表現を学ぶことができます。

---

[2] Harold Edward Palmer (1877–1949) は、教育学者であり、1920 年代、東京で英語定型表現研究を辞書学の観点から実践した 1 人です。

第1章　英語定型表現研究の基本的概念　　11

　以上，二つの成立背景が英語定型表現研究にはあります。この二つを合わせると英語定型表現研究は「古くて新しい学問」と言うことができます。この二つの流れは，現在まで平行して別々に存在しているのではなく，コンピュータの発達により一つの流れに纏められ現在の英語定型表現研究となっています（本節で述べた背景から現在までの発展をさらに学びたい場合は，八木・井上（2013: 59ff.）を参照してください）。

4. 英語学の一分野

　前節の説明より，英語定型表現研究は言語学的な研究領域なのか，それとも教育学的な研究領域なのか混同するかもしれません。ここでは，英語定型表現研究が英語学の諸分野のどこに当てはまるのか考えていきます。
　英語学の諸分野は，音韻論，音声学，意味論，形態論，統語論，語用論，辞書学，社会言語学があります。上記で少し触れましたが，英語定型表現研究の研究成果である論文，著書，辞書などを調べると，さまざまな諸分野を往き来した研究ばかりで，一つの分野に収まるものではありません。また，英語定型表現が辞書に記述されていることから英語辞書学の一分野とも言えます。その英語辞書学は，英語の獲得，習得，英語教育を対象とした学問領域である応用言語学の一部なので，英語定型表現研究は応用言語学とも言えます。このように，英語定型表現研究はさまざまな研究分野を横断して研究されているので，どの諸分野に該当するのかを名言することは難しいことがわかります。そこで筆者は，上記に述べた英語定型表現の成立背景と現在世界で行われて

いる英語定型表現研究の状況を考慮に入れ，英語定型表現研究は独立した研究領域と述べていいと考えます（Halliday（1961）の枠組みに照らし合わせた英語定型表現研究の説明は，八木・井上（2013: 13ff.）を参照してください）。

5. 改善点

英語定型表現研究に限らず，どの研究でも改善すべき点があります。その改善すべき点があるということは，今後の研究において発展の余地がある，その研究が進むべき道標となるもので，決して研究の価値を減じるものではありません。

英語定型表現研究にも改善すべき点があります。それは，あらゆる英語定型表現研究に適応できる統一された認識を与えることです。その理由は，英語定型表現研究の二つの成立背景から推測できると思いますが，実証的・実践的な側面からの研究がこれまで活発に行われてきたため，何が英語定型表現で，どの用語を用いるのか，研究対象とする英語定型表現，それをどのように研究するのかという屋台骨となる考えが研究により異なるからです。

次の改善点は，1点目の統一された認識が欠けていることと関連していますが，発展途中である英語定型表現を研究することです。現在出版されている辞書は，英語定型表現についての記述内容が量的・質的に過不足がないとは言えません。特に，イディオムと定型句の記述において改善すべき点が見られます。その理由は次の通りです。

イディオムは，これまで長い間，不変のものとして考えられ，扱われてきたため，イディオムの変化を扱った研究は昔から進ん

でいるとは言えません。前述しましたが，辞書は英語定型表現の記述に100年以上の間，効果的な英語学習のために英語定型表現の記述や表記方法など試行錯誤を繰り返してきました。そのような辞書の中で，イディオムは普遍という固定概念によりずっと変わらない記述がされてきています。このため，イディオムの変化を扱った研究は活発に行われているわけではありません。本書の第2章でイディオムの変化形と考えられる例を扱い，改善点を提示します。

　次に定型句ですが，Inoue（2007）で扱った you know what や Inoue（2011）で紹介した until to, up until to のようにどのようなものが定型句なのかを判断する基準が存在しないため，何を持って定型句と判断するのか非常に曖昧です。このため，定型句を扱った先行研究は非常に限られており辞書においても十分な記述がありません。

　筆者は，英語定型表現研究の1点目の問題の答えを，具体的な英語定型表現を研究すること（これは，bottom-up approach（積み上げ方式）と言います）により提示しました。そうして，英語定型表現研究が筋道を立てた説明ができる研究分野として確立することに貢献してきました（詳細は，井上（2018）を参照）。その説明をする前に，次節では筆者が採用した研究手法を述べます。

6.　研究手法

　筆者が採用した研究手法を説明する前に，本節は筆者の英語定型表現研究がどのような立場に基づき行ってきたかを述べることから始めます。

筆者は，言語の最優先事項は意味を伝えることと捉え，その意味は統語形式（パタン）に反映するという「意味的統語論」[3] という立場に基づき英語定型表現研究に取り組んできました。筆者がこれまで扱ってきた英語定型表現は，図 1.1 のうち定型句です。その理由は，言語使用者は馴染みがあり繰り返し使用されている定型句を何となく理解したような気分になっていますが，それが実際にどのような振る舞いをするかについては曖昧なままで，説明をすることができないからです。英語母語話者も，このような定型句をあまりにも無意識に使用しており，定型句と気づいていないことがあります。具体的には，(4) に示す英語定型表現の研究を行ってきました。(4c) と (4d) は，現在も取り組んでおり本書で扱うものです。

(4) a. 第 1 期（2003 年から 2006 年）：個別の英語定型表現 (you know what, here we go / here we go again, let's say など) の多義，多機能，成り立ちの解明

b. 第 2 期（2006 年から 2009 年）：これまで同じものとして扱われてきた英語定型表現 (go and do / go to do / go do, and yet / but yet / yet, how come …? / why …?) の違いと関連性

c. 第 3 期（2009 年から現在）：現代英語に観察される新しい英語定型表現 (until to, up until to, it looks that 節, though A but B, in and of itself, in and of, be on against, be in and out, be in to, pirate

---

[3] 八木 (1999) で使用されている用語です。詳細は，八木 (2004: 15f.) を参照してください。

version，人を表す those that，as it was，the way how，in spite of＋節，until before，until by）の実態とその形成の根底に働く理論の解明

d. 第4期（現在）：不変と考えられてきた英語イディオムの新しい変異の提示と英語イディオムの変化解明（take care for，care of など）

この（4a, b, c）の3期で扱った英語定型表現の解明を，次の研究手法により行いました。誰もが利用可能なコーパス（後ほど説明します）から得られたデータをもとに個々の英語定型表現が使用されている文脈において，①それと頻繁に用いられる特徴的な語句，②文中で使用される位置，③核音調が置かれる単語のイントネーション（上昇調，下降調，平板調）[4] の3点からそれぞれの英語定型表現の意味と機能を明らかにしました。3点目のイントネーションの調査は，無料でダウンロードできる音声分析ソフト（praat）[5] を使用しました。この研究手法は誰もが活用できるものであり，発展させることもできます。筆者は，この独自の研究手

---

[4] O'Connor and Arnold (1961) は，ストレスが置かれる核音調に7つのタイプを認めていますが，あまりにも複雑なため筆者のこれまでの研究では採用していません。筆者は，今井 (1989: 176) で言われている「核なるものを多種類もうけるのは分析の不足の結果である。基本的には「下降調」と「上昇調」の2種類のアクセントを区別すればよいのである。」という意見に賛同し，これまで英語定型表現のイントネーションに上昇調，下降調，平板調の三つを認め，活用してきました。本書でもそれらを使用します。

[5] http://www.fon.hum.uva.nl/praat/ から入手可能で，音声を分析，変換，合成することができる無料のソフトウェアです。開発者は，アムステルダム大学の Paul Boersma 氏と David Weenink 氏です。このソフトウェアの利点は，誰もが無償で入手可能であり容易に操作ができるところにあります。

法に基づきこれまでの文法規則などでは説明しきれないもの，誤りと考えられてきた英語定型表現の使われ方を明らかにしてきました。

(4a, b, c) の研究と同時進行で，(4a, b, c) で取り扱った英語定型表現と井上・八木 (2008)，Inoue (2009) で扱った英語定型表現をもとに英語定型表現のストレスパタンルールを調査しました。井上・八木 (2008)，Inoue (2009) で扱った英語定型表現は次のものです。dart in and out, make out like a bandit, The ball is in your court., I wasn't born yesterday., contract in/out, quite the contrary, carry the day, day after day, day by day, day in, day out, from day one, from day to day, from one day to the next, make somebody's day, don't have all day, in this day and age, the soup of the day, one of the these days, one of those days, some day, one day, that'll be the day, these days, those were the days, to the day, to this day.　これらのすべての英語定型表現を英語母語話者に読んでもらい，どこにストレスが置かれるかを前述した音声分析ソフトを使用して分析しました。

上記で述べた誰もが利用できるコーパスとは，British National Corpus (BNC)，WordBanks*Online* (WB)，Corpus of Contemporary American English (COCA)，Corpus of Historical American English (COHA)，Database of Analysed Texts of English (DANTE) などです。これらのうち，BNC, WB, COCA は辞書編纂などの一般目的研究のために用いられるため言語汎用目的コーパス (general purpose corpus) と呼ばれます。それに対し，COHA, DANTE はある特定の時代や地域の英語，口語

英語の特徴，英語定型表現の使われ方などを調べるために用いられるため特殊目的コーパス（specific purpose corpus）と呼ばれます。これら2種類のコーパスの詳細は，井上（2014a, b）を参考にしてください。

　本書が上記のコーパス利用する理由は，誰もが利用できる資料という利点があるからです。このようなコーパスと明確な研究手法を活用した研究から得られた成果は，非常に妥当性および信頼性が高いだけでなく，第3者がその研究成果について異議申立てを行うことができます。つまり，切磋琢磨を通して研究を発展させることが可能です。ただし，これらのコーパスで残念なところは，音声資料がないことです。そこで筆者は，音声研究の対象とする英語定型表現を英語母語話者に読んでもらい，上記に述べた研究手法，分析手法により英語定型表現の音声的特徴を明らかにしてきました。この研究成果も第3者が異議申立てを行うことができますので，研究の公平性は保たれています。

　上記のコーパスだけでなく，研究者がコーパスを作成することができます。筆者は，取材力が高く，歯に衣着せぬ物言いをするアメリカ CNN の人気ジャーナリストである Anderson Cooper（アンダーソン・クーパー）氏が好きで，彼の番組 Anderson Cooper 360° を見ます。内容を把握できなかった場合は，その番組で述べられた発話が文字化されたウェブサイト（CNN.com-Transcripts）を訪れて内容を確認することがあります。そのウェブサイトでは，その番組全体の発話をすべてダウンロードすることができコーパスを作成することが可能です。このようなコーパスは，誰もが作成することができるだけでなく，内容も現代社会で起きている問題を扱っているので，社会的できごとや時代を反

映した新しい英単語や英語定型表現が使用されています。また，その番組に出演している発話者の氏名などの情報も全て明らかになっているので，データとしての信頼性は非常に高いものと言えます。このような独自に作成した Anderson Cooper 360° のコーパスは，インタビュー形式に基づくニュース番組で，即興で話しているので口語英語と言えます。BNC，WB に含まれている口語英語は，予め準備された原稿を読み即興で話しているのではないので，口語英語と言うのは難しいと考えます。また BNC，WB の口語英語は，Leech and Svartvik (2002: 11f.) で述べられている口語英語の特徴（意味のない言葉で間を詰める，繰り返し，言い間違い，省略，談話辞を使用する）を含んでいません。Inoue (2007) は，このようなインタビューで即興で話されて，Leech and Svarktvil (2002) で述べられている口語英語の特徴を含んでいる口語英語を formal spoken English（改まった口語英語）と呼び，著作権の問題などでなかなか口語英語を入手することが難しい中，特殊目的コーパスとして利用価値があると述べています。本書は，口語英語などの特殊な英語における英語定型表現の実態を明らかにすることを目的としているわけではありませんので，Anderson Cooper 360° をデータとしては使用しません。

　上記の研究手法は，私たちが実際に目にする，耳にする英語定型表現の外面的特徴を明らかにする際に使用したものです。この研究手法をまとめると，次のようになります。研究対象とする英語定型表現を，研究目的に応じた第3者が利用可能なコーパスに基づくアプローチ (corpus-based approach) を採用し，明確な研究手法により英語定型表現の振る舞いを明らかにすることです。言い換えると，意味的統語論に基づく英語定型表現研究は

Corpus Pattern Analysis（コーパスから得られた型の分析，略して CPA）を採用していると言えます。このような研究手法は，英語定型表現だけでなく科学的な英語研究を行う上で必須のことと考えます。

次に，音声や意味などの物理的に捉えることができる英語定型表現の外面的特徴を支えている内面的特徴を明らかにする際に使用した研究手法を述べます。それは，形態論で言われている語形成規則，意味に基づいた概念，言語一般的な概念を利用しました。

語形成の規則についてはこれまでさまざまな研究がありましたが，それらの研究に共通している語形成規則は次の通りです。複合（compounding），派生（derivation），借用（borrowing），転換（conversion），頭文字語（acronym），逆形成（backformation），省略（shortening），混交（blending），句の語彙化（lexicalization of phrases），異分析（metaanalysis），語根創造（root creation）です。[6] 次に，意味に基づいた概念とは類推と融合を指します。類推とは，ある形式 A が意味的に類似しているけれど形式 A が本来持っていなかった形式 B の統語機能もしくは意味

---

[6] これらの規則のうち，あまり馴染みのない逆形成，句の語彙化，異分析，語根創造について説明します。逆形成とは，複合語や派生語が，その過程で誤った分析によって切り詰められ構成された規則です。たとえば，begger から beg が構成されるなどの例です。句の語彙化とは，catch-me-if-you-can，passer(s)-by のように頻繁に使用される句が，ハイフンでつながれることにより，一つの語としてふるまうことです。異分析とは．hamburger → ham + burger（正しくは hamburg + -er）や alcoholic → alc + holic（正しくは alcohol + ic）というように誤った語の分析を指します。最後の語根創造は，bow-wow, hic, zzz, beep のように既存の語や形態素を用いずに全く新しい語を作ることです。

20

を獲得することです。融合は，八木 (1999: 108) に準拠し三つの場合を認めます。「①本来は別々の統語機能を果たす類義語が，同じような意味を表すようになり，それぞれの区別がつきにくくなった場合（統語機能の融合），②別々の意味を表す項目が，ひとつの統語形式によって表現される場合（複数の意味がひとつの統語構造で表されるという融合），③意味の反映としての統語特徴と，語の本来的な統語特徴がまざりあった場合」です。最後の言語一般的な概念とは，倒置と短縮です。

7. 研究成果

筆者が，(4) で扱った英語定型表現の一覧は (5) の通りです。本書で扱う take care for, take care about, care of, make angry / mad, in spite of + 節, in accordance to, until before, until by は除外しています。

(5) you know what, here we go / here we go again, let's say, go and do / go to do / go do, and yet / but yet / yet, how come …?, until to / up until to, from A until to B, it looks that 節, -ed form から φ form, in and of itself, in and of, be on against, be in and out, be in to, as it was, 人を表す those that, 法助動詞の名詞形 (should and oughts, musts and shoulds, etc.), though A but B, not A though A' but B, not only A though A' but B, the way how

(5) に示す英語定型表現には，次の特徴があります。①馴染みの

ある語同士が一緒になり好ましい語と語の組み合わせとなっている，②文法規則では説明つかないもの，③繰り返し使用される，④馴染みのある語同士が連続して使用される場合（until to, be on against のように英語定型表現間に何の要素も入らないこと）とそうでない場合（不連続と呼び，though A but B, from A until to B のように英語定型表現間に任意の要素 A，B などが入ること）がある，ということです。

　前節で述べた語形成規則，意味に基づいた概念，言語一般的な概念により，（5）に示した各英語定型表現の統語形式や意味を基にそれぞれの英語定型表現の形成方法を一覧にしたものが表 1.2 です。

表 1.2　筆者がこれまで扱った英語定型表現の形成方法一覧

定型表現	形成プロセス	理由	連続もしくは不連続
you know what	省略	you know what actually happened / what the truth was などの命題部分省略	連続
here we go / here we go again	倒置	注意喚起のため here が文頭へ	連続
let's say	短縮	let us say	連続
go do	省略	go to do の to の省略	連続
and yet / but yet	複合	[and / but] [yet, still, then など]	連続

how come …?	省略	how did (does) it come that (about) S + V? の did (does) it の省略	連続
-ed form から φ form	省略	該当なし	連続
until to / up until to	混交	until, to, up	連続
be on against	異分析	[be on][against]	連続
be in to	異分析	[be in] [to]	連続
be in and out	省略	be in and out of の of の省略	連続
it looks that 節	類推	it seems that 節	連続
in and of itself	混交	in itself, of itself	連続
in and of	逆形成	in and of itself	連続
as it was	融合	仮定法 were	連続
人を表す those that	類推	物を表す those that	連続
shoulds and oughts など	複合	musts など意味的に類似	連続
the way how 節	類推	先行詞＋関係副詞	連続
the way how to do	融合	the way to do と how to do	連続
though A but B	複合	[though] … [but]	不連続
not A though A′ but B	混交	not A but B, though A but B	不連続
not only A though A′ but B	混交	not only A but B, though A but B	不連続
from A until to B	混交	from A to B, until to	不連続

(井上 (2018: 255))

8. 形成方法とストレスパタン

表 1.2 で提示した研究成果を基に，(5) の英語定型表現の形成方法と英語定型表現かどうかの判断基準を示す内面的特徴が (6)，(7)，(8) です。(6)，(7)，(8) を提示することで，英語定型表現研究に適応できる統一された認識を与えました。

(6)
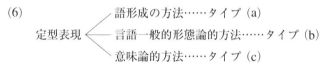

(井上 (2018: 257))

(6) は，英語定型表現が形態論的方法，つまり語形成の方法（タイプ (a)），言語一般的の形態論的方法（倒置，短縮）（タイプ (b)），意味論的方法（類推，融合）（タイプ (c)）のどれかの過程を経て成立したのかを示します。

(7) は，英語定型表現になる過程を示しています。現代英語に観察される英語定型表現は，Old English (OE) 時代のケニング（代称法，すでに存在する語同士を組み合わせて新しい単語を作ることです）のように既存の語（句）と語（句）が一緒になっていますが，ランダムではなくある (6) に示した過程のどれかを経て形成され，繰り返し使用されます。この繰り返しの使用により，語形成方法のうちの，ハイフンでこそ繋がれていないけれど句の語彙化を生じさせています。そして，独自の振る舞いを持つ英語定型表現として確立します。このような一連の過程は，英語定型表現が連続か不連続の構成であるかに関係なく観察されます。

(7)　英語定型表現化への過程

　　① 既存の語(句)と語(句)が，タイプ (a) 語形成方法，タイプ (b) 言語一般的形態論的形成方法，タイプ (c) 意味論的形成方法のどれかにより 1 つの塊となり，繰り返し使用される

　　　　　　　↓

　　② 繰り返し使用されることにより独自の意味と機能を発展させる

　　　　　　↓　←　句の語彙化

　　③ 定型表現化

(ibid.)

(8) は，英語定型表現かどうかの判断基準を示しています。

(8) a.　frequency（頻度）

　　b.　dispersion（分散）

　　c.　fixedness (i.e., no variants)（固定性）

　　d.　consistency of existing words（既存の語使用の一貫性）

(井上 (2018: 258))

(8a, b) の frequency（頻度）と dispersion（分散）は，英語定型表現が偶然の結果できたものでないことを示す基準です。これは，使用するデータでどれほどの頻度であるか，話し言葉や書き言葉のレジスター（使用域）でどれほど使用されているかを調べることで明確になります。(8c) の固定性は，英語定型表現が文脈や状況に応じて変化しない，つまり決まりきった塊で使用されるた

めに必要となる基準です。(8c) の条件を満たさない場合の語結
合は，偶然の結果によりできたもので英語定型表現ではありませ
ん。またそのような語結合は，独自の意味，機能を持ちません。
(8d) は，OE 時代のケニングのように，英語定型表現は既存の
語と語を組み合わせて作られるということです。そうでない場
合，そのような英語定型表現は頻度も低く，分散もしないという
ことで，英語定型表現として浸透しません。

　さらに英語音響音声学の観点から，英語定型表現のストレスパ
タンを調べ，(9) に示す規則を明らかにしました。

(9) a. it is impossible to predict the stress patterns of
phrases simply by means of whether a word is a
function word or a content word

b. the stress is placed on the word by which a speaker
would like to convey the most important meaning
of phrases

c. set phrases have stable stress patterns as words do

d. set phrase doesn't necessarily consist of one tone
group and each word consisting of set phrases has
each tone group

(Inoue (2009: 133))

(a. 定型表現を構成する語が機能語か内容語というだけで定型
表現のストレスパタンを予測することは不可能である

b. ストレスは話者が意味的に最も重視している語に置かれる

c. 定型表現のストレスは語と同じように一定のストレスパタ

ンを持つ

d. 定型表現は必ずしも一つのトーングループから成り立つわけではなく，定型表現を構成している各語はそれぞれのトーングループを持つ）

(9) のルールは，今のところどのようなタイプの英語定型表現にも通用します。ここで注意をしてほしいのは，英語定型表現が (9) のすべてのルールを満たさなければいけないというわけではありません。筆者がこれまで扱ってきた英語定型表現（until to, up until to など），また本書で扱う英語定型表現（until before, until by）は機能語のみから成り立つので，その場合は (9a) のルールを適応できません。

9. 本書で明らかにすること

これまでの筆者の英語定型表現研究の成果を分類すると，(10) のようになります。

(10) a. これまで存在した定型句の実態解明

→ (i) 定型句の形を変えて新しい定型句へ (e.g. -ed form から φ form, it looks that 節, 法助動詞の名詞形 (shoulds and oughts, musts and shoulds, etc.), the way how 節, the way how to do)

→ (ii) 定型句の形を変えない (e.g. you know what, here we go/here we go again, let's say, go and do/go to do/go do, and yet/but

第1章　英語定型表現研究の基本的概念　　27

yet, how come …?, as it was, 人を表す those that)

b. 新しい定型句の実態解明 (e.g. until to/up until to, from A until to B, in and of itself, in and of, be on against, be in and out, be in to, though A but B, not A though A′ but B, not only A though A′ but B)

本書は，(10) からさらに発展して本章5節で述べた「改善点」を踏まえて (11) に示す英語定型表現の実態を本章で述べたデータと研究手法を活用し明らかにします。

(11) a. 変化するイディオム──第2章

b. 文法規則を超えたコロケーション──第3章

c. 形を変えずに機能変化をした定型句──第4章

d. 形を変えた定型句──第5章

e. 見過ごされてきた定型句──第6章

10.　本書で活用する概念

ここでは，第2章から第6章で扱う具体的な英語定型表現の実態を明らかにする際に必要となる概念を説明します。

10.1.　イディオム性

ある語連結が，イディオムであるかどうかを判断する指標として，そしてイディオムである場合，どれくらいのイディオム度なのかを判断する指標としてイディオム性という尺度があります。

イディオム性[7]とは，Moon (1998) によると，慣例化 (institutionalization),[8] 語彙文法的固定性 (lexicogrammatical fixedness),[9] (意味的) 非構成性 ((semantic) non-compositionality)[10] といった統語的および意味的特徴を持ち，その三つの基準によってある語連結がイディオムかどうか判断します。たとえば，kick the bucket (死ぬ)，call the shots (支配する)，kith and kin (親類縁者) などのように，慣例的に用いられ，語彙文法的に固定され，個々の語の意味からイディオム全体の意味を引き起こすことができないイディオム性の高いものから，enough is enough (もうたくさん)，because of (〜のために) のようにイディオム性の低いものまであります。このイディオム性の高低に基づき，イディオムは自由連結句 (free combination, e.g. open a window (窓を開ける))，制限的コロケーション (restricted collocation, e.g. meet the demand (要求に応じる) のように要素の一つ (この場合は meet) が文脈によって決定される比喩的意味を持つもの)，比喩的イディオム (figurative idiom, e.g. call the shots)，純粋なイディオム (pure idiom (各単語の意味から全体の意味が不透明なもの)，e.g. spill the beans (秘密を漏らす)) の四つに分けられます (Cowie (1999: 71))。

Moon (1998) は，上記の三つの基準以外に，語連結がイディ

---

[7] Bolinger (1977: 168)，Fernando (1996)，Fernando and Flavell (1981: 19)，Barkema (1996) がイディオム性の必要性について述べています。

[8] 繰り返しの使用により習慣となることです。

[9] 使用されている単語や文法が決まっていることです。

[10] イディオムの意味がイディオムを構成している各単語の意味を合わせたものとならないことです。

オムであるかどうかを判断する基準として次の三つを述べています。①イディオムは，1語もしくはハイフンでつながれた同系語 (e.g. break the ice（口火を切る），ice-breaker（（場の雰囲気を）和やかにする人），ice-breaking（空気をほぐす））である，②イディオムは，独立して統語的もしくは文法的単位を形成する（e.g., through thick and thin（良い時も悪い時も）は付加詞,[11] long in the tooth（中年過ぎの）は補語，a flash in the pan（一時的な成功）は名詞群，by and large（概して）は文副詞など），③イディオムは，音声的特徴として，イディオムを構成している語間のポーズやイディオム全体の音声の長さは自由連結語句より短い。[12] 本書は，6つの判断基準（慣例化，語彙文法的固定性，（意味的）非構成性，1語もしくはハイフンでつながれている，統語的もしくは文法的単位の形成，イディオムのポーズやイディオム全体の音声的短さ）に基づき，語結合のイディオム性を決めます。

10.2. 前置詞

　第4章の in spite of，第5章の in accordance to，第6章で扱う until before / by で必要となる前置詞について説明していきます。

　前置詞は形態的に三つのタイプに分けられます。① at, in, of などの多義をもつ単独前置詞，② into, onto, within, until などの二つまたはそれ以上の前置詞が結合した多義を持つ複合前置詞，③前置詞と他の語が結合して，しかも一つの前置詞の働きを

---

　[11] 様態，理由，場所，時間などの意味を表し，文・句を修飾するものです。
　[12] イディオムの音声的研究については，Makkai (1972), Bloomfield (1935), Van Lancker and Canter (1981), Van Lancker et al. (1981) を参照してください。

する単義の群前置詞（e.g. according to, apart from, in accordance with, with regard to, due to, because of, result of, in agreement with, in case of など）です。この3タイプに in spite of を照らし合わせると，in spite of と in accordance to は③の群前置詞に該当し，until before/by は②の複合前置詞に該当します。

　群前置詞は，その構成語よりさらに三つに分けられます。by means of, in addition to のように［前置詞1＋名詞＋前置詞2］から成り立つもの，［形容詞／副詞／接続詞＋前置詞］（e.g. ahead of, because of など）から成り立つもの，as far as, as for, thanks to などのその他の結合に分けられます。

　Quirk et al.（1985: 669）は，群前置詞を complex preposition と呼び，それらに two-word sequences（2語連続）と three-word sequences（3語連続）を認めています。その complex preposition を次のように説明しています。"In the strict definition, a complex preposition is a sequence that is indivisible both in terms of syntax and in terms of meaning, ... Rather, there is a scale of 'cohesiveness' running from a sequence which behaves in every way like a simple preposition, *eg*: *in spite of* (*the weather*) to one which behaves in every way like a set of grammatically separate units ... ."（Quirk et al.（1985: 671））（厳密な定義では，群前置詞は統語的，意味的な両方の観点より分割できない連続である。さらに，前置詞と全く同じように振る舞う連続したものから（たとえば *in spite of* (*the weather*)）一連の文法的に分割した単位のように振る舞う連続したものまである「結束性」という尺度がある）。また Quirk et al.（1985: 671）は，［前置詞1（＝prep 1）＋名詞（＝Noun）＋

第1章　英語定型表現研究の基本的概念　　31

前置詞2（＝prep 2）〕から成り立つ語群が，群前置詞であるかどうかを見極めるために（11）に示す9つの指標を設けています。

(11) a. Prep 2 can be varied: *on the shelf at* (*the door*) [but not: **in spite for*, etc]

（前置詞2は変更可能である）

b. The noun can be varied as between singular and plural: *on the shelves by* (*the door*) [but not: **in spites of*]

（名詞は単数・複数と変更可能である）

c. The noun can be varied in respect of determiners: *on a/the shelf by; on shelves by* (*the door*) [but not: ** in a/the spite of*]

（名詞は限定詞に応じて変更可能である）

d. Prep 1 can be varied: *under the shelf by* (*the door*) [but not: **for spite of*]

（前置詞1は変更可能である）

e. Prep + complement can be replaced by a possessive-ness pronoun: *on the surface of the table ~ on its surface* [but: *in spite of the result ~ * in its spite*]

（前置詞+補語は所有代名詞に取って変わられる）

f. Prep 2 + complement can be omitted: *on the shelf* [but not: **in spite*]

（前置詞2+補語は省略可能である）

g. Prep 2 + complement can be replaced by a demonstrative: *on that shelf* [but not: **in that spite*]

（前置詞 2 + 補語は指示詞に取って変わられる）

h. The noun can be placed by nouns of related meaning: *on the ledge by* (*the door*) [but not: **in malice of*]

（名詞は関連した意味に取って変わられる）

i. The noun can be freely modified by adjectives: *on the low shelf by* (*the door*) [but not: **in evident spite of*]

（名詞は形容詞によって自由に修飾される）

10.3. 言語経済の法則

本書を含めて，これまで筆者が扱ってきた英語定型表現の内面的・外面的特徴を成り立たせる根底にあるものは，言語経済の法則で説明が可能です。

言語経済の法則とは，効果的な意思伝達のためには，労力節減（least effort or economy）と冗漫（redundancy）という一見矛盾する原理がバランスをつかさどりながら言語の変化をつかさどっています。この労力節減と冗漫を併せて言語経済の法則と呼びます。労力節減の例として，人を表す際に使用されていた those who が，本来物を表す those that と同じように those that で表現されること（詳細は井上（2018））があります。冗漫の例として，意味的に類似した単語がくっついてできた until to, until by などがあります（詳細は井上（2018）を参照）。本書で扱う英語定型表現も労力節減と冗漫により成立していることを各章で見ていきます。

11. おわりに

　本章は，英語定型表現研究の概観と筆者がこれまで扱ってきた英語定型表現を基に英語定型表現の研究方法を述べました。また，英語定型表現研究の改善点とその改善点に対しての答えを提示しました。そして，本書の研究対象である具体的な英語定型表現についても述べました。英語定型表現研究に限らず，科学的な実証研究を行う場合は，本章で述べたようなこれまでの内容を整理整頓し，道具を揃え，研究対象を明確にして研究に取り組む必要があると考えます。

第 2 章　変化形イディオム **take care for**, **take care about**, **care of** の実態

1.　はじめに

　英語定型表現のうち，イディオムとことわざは構成している単語同士の結びつきが強いため，それらの形が変化することはない，または認められないとこれまで考えられてきました。そのため，本章で扱う既存のイディオム同士がくっついてできたと考えられるイディオムの変異 take care for, take care about, care of についてのこれまでの説明は十分とはいえません。しかし，現代英語を観察すると，イディオムの一つである take care of の変異と考えられる take care for, take care about, care of の例が観察されます。(1) を見てください（イタリックは筆者。以下同じ）。

> (1) a.　"You're supposed to select someone who will be good for the baby," Amy said. "Someone to look out for and *take care for* the baby. Not the other

35

way around."

(COCA,[1] 2014, FIC)

(「その赤ちゃんのために誰かいい人を選ばなければなりません」とエイミーは言った。「その赤ちゃんに気を配り，面倒をみる誰かです。その逆ではないんです」)

b. During instruction, such values and related attitudes can be obtained if several conditions are established: building a community with members who *take care about* each other, … .

(COCA, 2005, ACAD)

(教育を受けている間に，いくつかの条件が満たされたならば，次のような価値観と関連した考え方が出来上がるでしょう： お互いを思いやる構成員からなる地域社会を作り上げること，…)

c. "… . So it was my responsibility until I was old enough to go (at age 15) to *care of* the cows, take care of the horses, take care of the chickens, take care of our garden, cut the grass."

(COCA, 2012, NEWS)

(「…だから，牛や馬，鶏の世話をし，庭の手入れをし，芝を刈るのに十分な年齢(15歳)になるまでは私の責任でした」)

take care of のようにイディオム性の高いイディオムの変異が観

---

[1] COCA には 2017 年 6 月 8 日にアクセスしました。各用例の年代の後にある FIC は Fiction (小説，物語，短編など)，ACAD は Academic Journals (学術的雑誌)，SP は spoken (話し言葉) というレジスターを表します。

察されることは，これまでの先行研究など広く一般的には認められていませんが，(1) に示すような変異は書き言葉でも観察されるので誤植ではありません。このようにイディオム性の高いイディオムでも変異が観察されることは大変興味深いことです。

そこで本章は，先行研究で述べられているいないにかかわらず実例がある，ということに着目して，コーパスから得られた take care of の変異と考えられる用例をもとにそれらの実態を通時的，共時的観点から明らかにしていきます。そして，「イディオムは変化もしくは成長をする」というこれまでの先行研究では述べられていなかったことを明らかにします。このような変化や成長を辞書に記述，もしくは論文や著書で発表することで，英語定型表現の変化の実態を忠実に反映し，英語定型表現に起きている変化を捉えることが可能であると考えます。

本章の構成は，次の通りです。2 節は take care of, care for, look after のこれまでの記述をまとめたもので，3 節は take care of のイディオム性について述べています。4 節は take care of の変異の量的調査，5 節は take care of の変異の質的調査，6 節は 4, 5 節で得られた結果からの考察，7 節は本章で得られた研究成果の応用の可能性，8 節はまとめです。

2. take care of, care for, look after についての先行研究

本節は，take care of と意味的に類似している care for, look after についての先行研究の記述をまとめたものです。どの先行研究も，take care of, care for, look after は同義であり，固定して使用されると説明しています。また筆者が調べた限り，本章

の研究対象である take care for, take care about, care of につ
いて論じた先行研究は存在しません。

2.1. 辞書

(2) は，英英辞典 (*LDCE*[6], *MED*[2], *OALD*[9]) の take care of,
care for, look after の記述です。(2a) は *LDCE*[6], (2b) は *MED*[2],
(2c) は *OALD*[9] の記述で，各用例の (a) は take care of, (b) は
care for, (c) は look after の記述となっています (訳は省略)。

(2) a. **take care of sb/sth a)** to look after someone or
something: *Who's taking care of the dog while
you're away?* | **take care of yourself** *The children
are old enough to take care of themselves.* **b)** to
deal with all the necessary work, arrangements etc:
Her secretary always took care of the details. |
*Don't worry about your accommodations — it's all
taken care of.* **c)** to pay for something — used
when you want to avoid saying this directory: *We'll
take care of the fees.*

b. **care for** sb/sth *phr v* **1** to look after someone who
is not able to look after themselves $\boxed{\text{SYN}}$ **take care
of**: *He thanked the nurses who had cared for him.* |
The children are well cared for. **2** to do things that
keep something in good condition: *Instructions on
caring for your new sofa are included.* **3 would
you care for sth?** *spoken formal* used to ask

someone politely if they would like something: *Would you care for another drink?* **4 not care for sb/sth** *formal* to not like someone or something: *I don't much care for his parents.*

c. **look after** sb/sth *phr v especially BrE* **1** to take care of someone by helping them, giving them what they need, or keeping them safe SYN **take care of**: *Don't worry, I'll look after the kids tomorrow. | Susan looked after us very well. She's an excellent cook. | You could tell that the horse had been **well looked after**.* **2** to be responsible for dealing with something SYN **take care of**: *I'm leaving you here to look after the business until I get back.* **3 look after yourself** *spoken* used when you are saying goodbye to someone in a friendly way **4 can look after yourself** to not need anyone else to take care of you: *Don't worry about Maisie — she can look after herself.* (*LDCE*[6])

(3) a. **take care of 1** to do the necessary things for someone who needs help or protection: *Who will take care of the children?* **2** to treat something carefully so that it stays in good condition: *All the neighbours take very good care of their gardens.* **3** to do what is necessary to deal with a person or situation: *I'll leave you to take care of the refreshments.* ◆ *Can you take care of this customer, please?*

4 *informal* to pay for something: used especially when you are offering to pay for someone else: *She picked up the bill, saying, 'Let me take care of that.'*

b. **PHRASAL VERB** ˈcare for [T] **1** [**care for sb**] to love someone, especially in a way that is based on friendship rather than sex: *He really cared for her.* ◆ *She made him feel special and cared for.* **2** [**care for sb**] to do the necessary things for someone who needs help or protection = LOOK AFTER: *The inspectors make sure that the elderly residents are well cared for.* ◆ *Teach your children how to care for their pets.* **3** [**care for sth**] to treat something carefully so that it stays in good condition = LOOK AFTER: *Your clothes won't last if you don't care for them properly.*

c. **PHRASAL VERB** ˌlook ˈafter [T] **1** [**look after sb/sth**] to take care of someone or something and make certain that they have everything they need = TAKE CARE OF: *It's hard work looking after three children all day.* ◆ **be well looked after** *You could tell that the car had been well looked after.* **1a. be able to look after yourself** to not need anyone else to take care of you **2** [**look after sth**] to be responsible for something: *an organization that looks after the interests of artists* ◆ *Who's*

第2章　変化形イディオム take care for, take care about, care of の実態　　41

looking after the department while you're away?
3 [**look after sth** (**for sb**)] to take care of something that belongs to someone else and make certain it is not damaged or stolen **4 look after yourself** *British spoken* used for saying goodbye to someone you know well = TAKE CARE　　(*MED*[2])

(4) a. **take care of sb/sth/yourself 1** to care for sb/sth/ yourself; to be careful about sth: *Who's taking care of the children while you're away?*　◇ *She takes great care of her clothes.*　◇ *He's old enough to take care of himself.*　**2** to be responsible for or to deal with a situation or task: *Don't worry about the travel arrangements. They're all being taken care of.*　◇ *Celia takes care of the marketing side of things.*

b. PHR V `care for sb 1` to look after sb who is sick, very old, very young, etc. SYN **take care of** *She moved back home to care for her elderly parents.* **2** to love or like sb very much: *He cared for her more than she realized.* → SYNONYMS AT LOVE **not `care for sb/sth** (*formal*) to not like sb/ sth: *He didn't much care for her friends.*

c. PHR V `look `after yourself/sb/sth (*especially BrE*) **1** to be responsible for or to take care of sb/sth: *Who's going to look after the children while you're away?*　◇ *I'm looking after his affairs while* *he's in hospital.* ◇ *Don't worry about me — I can look after myself* (= I don't need any help). **2** to make sure that things happen to sb's advantage: *He's good at looking after his own interests.*

d. WHICH WORD?   **take care of/look after/care for**

◆ You can **take care of** or, especially in *BrE*, **look after** someone who is very young, very old, or sick, or something that needs keeping in good condition: *We've asked my mother to take care of/look after the kids while we're away.* ◇ *You can borrow my camera if you promise to take care of/look after it.*

◆ In more formal language you can also **care for** someone: *She does some voluntary work, caring for the elderly*, but **care for** is more commonly used to mean 'like': *I don't really care for spicy food.*   (*OALD*[9])

(2)-(4) の記述から，take care of, care for, look after は同義的に用いられ，そのうち care for, look after は句動詞として扱われています。そして，「～の面倒を見る，世話をする」は [take care of + 人／物]，[care for + 人]，[look after + 人] のパタンで使用され，「～に対応する，責任を持つ」の意味の場合，[take care of + 物]，[care for + 物]，[look after + 物] のパタンで使用され，意味に応じてイディオムと句動詞の後にくる語句が異なり

ます。

(5) は，OED^2 で観察された本章が研究対象とする take care for の記述です。

> (5) 1643 Milton *Divorce* iv. (1851) 28 Certainly not the meere motion of carnall lust, not the meer goad of a sensitive desire; God does not principally *take care for* such cattell. (OED^2)

(5) の take care for such cattell は，「そのようなキャッテルの面倒を見る」という意味です。

2.2. 文法書

(6)，(7) は，文法書の take care of, care about/for, look after の記述です（用例の訳は省略）。

> (6) a. *take care of*
>
> > *Take care of* normally means 'look after' or 'take responsibility for'. (Take care of は，通常「面倒をみる」もしくは「〜に対して責任がある」という意味です)
> >
> > *Nurses **take care of** sick people.*
> > *It's not good giving Daniel a rabbit: he's too young to **take care of** it.*
> > *Ms Savage **takes care of** marketing, and I'm responsible for production.*
> >
> > *Take care* (without a preposition) means 'be careful'. Some people use it as a formula when saying

goodbye. (Take care（前置詞なし）は,「気をつける」という意味です。Take care を別れ際の決まり文句として使用する人もいます)

> *Take care when you're crossing the road, children.*
>
> *'Bye, Ruth.' 'Bye, Mike. Take care.'*

b. *care (about)*

Care (about) is used to say whether you feel something is important to you. (Care (about) は, 何か重要であると感じる時に使用されます)

This is very common in negative sentences. *About* is used before an object, but is usually left out before a conjunction. (これは, 否定文での使用が一般的です。about は目的語の前に使用されますが, 接続詞の前では通常省略されます)

> *Most people **care about** other people's opinions.*
> (NOT … ~~take care of/care for other people's opinions~~)
>
> *I don't **care whether** it rains — I'm happy.*
>
> *'I'll never speak to you again.' 'I **don't care**.'*
>
> *'Your mother's upset with you.' 'I **couldn't care less**.'* (=I don't care at all.)

c. *care for*

Care for can be used to mean 'look after'. (Care for は「面倒をみる」という意味で使用されます)

> *He spent years **caring for** his sick mother.*

Another meaning is 'like' or 'be fond of', but this is not very common in modern English. (もう一つの意味は,「(～が)好き」という意味ですが,これは現代英語では一般的ではありません)

*I don't much **care for** strawberries.*

(Swan (2016))

(7) *I managed to **look after** everybody for a day and a half.* (*look after* = take care of)

(Carter and McCarthy (2006: 435))

(6),(7) で提示した以外の文法書も,take care of, care about/for, look after について (6),(7) と類似の記述をしており,本章で扱う take care for, take care about, care of については何の記述もありません。先行研究の記述をまとめると,「～の面倒をみる,世話をする」を意味する場合,[take care of/care for/look after + 人] のパタン,「～に対して責任を持つ」を意味する場合は [take care of/care for + 物] のパタンで使用されています。

3. take care of のイディオム性

本章で扱う take care of は,第1章で述べたイディオム性の6つの判断基準(慣例化,語彙文法的固定性,(意味的)非構成性,1語もしくはハイフンでつながれている,統語的もしくは文法的単位の形成,音声的短さ)に基づくと,すべての基準を満たしていることより,非常にイディオム性の高いイディオムと言えま

す。

また本章は，この6つの判断基準に基づいて，take care for, take care about, care of が新しいイディオムとして成立しているかどうか検証します。その後，第1章で示した英語定型表現の内面的特徴が適応できるかどうかも検証します。

4. 量的調査

第1章で述べたコーパス[2]を使用して take care of, look after, care for の変異を調べた結果，take care for, take care about, care of が観察されました。care after も観察されましたが，He didn't seem to care after killing those four people. (COCA)（彼は，これら4人を殺害した後，気にかけていないようでした）の例文のように [care] [after killing those four people] の構造であり，この care は「気にする」という意味のため，研究対象から除外してあります。また，DANTE を使用して，take care for, take care about, care of が使用されているかどうか調べた結果，どの変異も1例も観察されませんでした。それぞれの変異が各コーパスでどれだけ使用されているかを示したものが表2.1です。表2.1のそれぞれの変異の頻度は，時制・相を区別していません。

---

[2] COCA 以外のコーパス (COHA, BNC, WB) のアクセス日は，2017年6月8日です。本章5節で示す用例の年代の後に表示されている WR は，written（書き言葉）を表します。

第2章　変化形イディオム take care for, take care about, care of の実態　　47

表 2.1　コーパスで観察された take care for, take care about, care of の頻度

	COCA	BNC	WB	合計
take care for	7	2	2	11
take care about	5	3	3	11
care of	7	0	6	13

　表 2.1 より，変異の take care for, take care about, care of はどのコーパスでも頻度は低く，話し言葉と書き言葉，イギリス英語とアメリカ英語の両方で観察されるので誤植ではありません。これら変異の多くが，現在形で使用されており，それ以外で際立って多く使用される時制・相はありませんでした。どのような時制と相が使用されていたかは次節の用例で提示します。また，to 不定詞の形で使用される例も観察されました。

　次に通時的観点から，表 2.1 で示した変異 take care for, take care about, care of の使用頻度を調べた結果が表 2.2 です。表 2.2 で提示した頻度は，すべての時制・相を含んだものです。また表 2.2 は，三つの変異が観察されなかった年代（1810, 1910, 1930, 1940）を記載していません。

表2.2 COHA を使用した take care for, take care about, care of の使用回数

	take care for	take care about	care of
1820	6	0	0
1830	2	0	2
1840	3	0	0
1850	5	0	1
1860	1	0	0
1870	3	0	0
1880	1	0	1
1890	2	0	2
1900	1	0	2
1920	3	0	0
1950	0	1	0
1960	2	0	0
1970	2	0	0
1980	1	0	2
1990	0	1	0
2000	1	1	1
合計	33	3	11

表2.2 より，take care for は他の時代と比較して 1820 年代から 50 年代にかけて多く観察されており，それ以降は多く観察されているとは言えません。take care about は 1950 年代を皮切りに現在まで数例観察されるのみで，これまで広く使用された変異とは言えません。care of は，観察される年代とそうでない年代があるので不変的に観察されたというわけではありません。このような状況から，take care for, take care about, care of はこれ

まで活発に使用されてきたわけではないことがわかります。

5. 質的調査

コーパスから得られた take care for, take care about, care of の用例を (8), (9), (10) に提示します。

(8) a. "… . He go (sic. 正しくは goes) to Rat Alley to be with Great-uncle Woo. Woo good doctor. Great-uncle *take* (sic. 正しくは takes) *care for* number seven son. He have (sic. 正しくは has) ancient medicine from Shanghai." (COCA, 2010, FIC)

（「… 彼は，大叔父ウーとともにラットアリーに行きます。ウーはいい医者です。大叔父は，7番目の息子の面倒をみています。彼は，上海から来た古代の薬を持っています」）

b. Did twenty-one-year-old communists have spare time in which to ruminate over rattlesnakes and vampires? "It is my job to *take care for* you," Bogdan said. (COCA, 2002, FIC)

（21歳の共産主義者は，ガラガラヘビと吸血鬼についてじっくりと考える時間を割きましたか？「あなたの世話をすることは私の仕事です」とボグダンは言った）

c. Mr. CAPIUS: There are many people coming from Macedonia, and all of them are deported, and will be deported, and nobody does care for those people, so it's a matter of equal right for all those applicants. And, what is interesting, is that supporters of Mrs. Pamparova only *take care for* this specific case, without any reason why this case is different from others. (COCA, 1993, SP)

(C：マケドニアから来たたくさんの人がいて，彼ら全員は国外追放される，もしくはいずれ国外追放されるだろう人たちだった。そして，誰もこのような人たちのことを全く気にかけておらず，申請者全員にとっての平等な権利の問題であった。そして，興味深いことは，パンパロバ夫人の支持者たちは，この特殊な問題だけ責任を持った。それが，なぜ他の問題と異なるといういかことについて理由はない)

(8) の例から，take care for は [take care for＋人] と [take care for＋事] という二つの統語形式が観察されます。前者を type A，後者を type B とします。type A の場合，「～の面倒をみる，世話をする」という意味で，(8a, b) が該当します。type B は (8c) が該当し，「～に対して責任がある」の意味が適当と考えます。数量的には，type A ＞ type B です。次に，type A と type B の成立を述べます。type A は，意味的に類似した take care of と care for の混交により [take care for＋人] になったと考えます。その混交と同時に，take care of と care for の care が融合を引き起こし名詞に変化をしたと考えます。一方 type B は，type A の頻度が type B より高いことから，type A が確立した後に [take care of/care for＋事] というこれまでの統語形式の影響を受けて，[take care for＋事] として成立したと考えます。

第2章 変化形イディオム take care for, take care about, care of の実態　　51

　次に（9）に示す take care about の例を見てください。（9a）
は，（1b）の再録です（訳は（1b）を参照してください）。

(9) a. During instruction, such values and related attitudes
　　　 can be obtained if several conditions are estab-
　　　 lished: building a community with members who
　　　 take care about each other, ... (COCA, 2005, ACAD)

　　b. "If we *take care about* what the witnesses just told
　　　 about the way he was acting and if we consider
　　　 what the police officers think, Kordic was on the
　　　 drugs," Gagnon said.　　　　　　(COCA, 1992, NEWS)
　　　 （「彼がどのように行動していたかについて目撃者がただ
　　　 言ったことについて私たちが考慮に入れるなら，そして警
　　　 察官が考えることを私たちが考慮するなら，コーディック
　　　 は薬物を使用していた」とガニオンは言った）

　　c. Reginaldo: 'He likes the races so much that it's very
　　　 difficult when he becomes a human being again. I
　　　 want to talk, go out to dinner, smile, he - no. He
　　　 doesn't need this.'
　　　 Paulo: 'He does need that but from Friday onwards
　　　 he just *takes care about* his sleeping time, his food.
　　　 ...'　　　　　　　　　　　　　　　　　　(WB, 1990, WR)
　　　 （R:「彼はレースがとても好きで，彼が再び人間に戻った時
　　　 はとても扱いが難しい。話したくて，食事に出かけたくて，
　　　 笑いたい。でも彼にはこんなことは必要じゃないんだ」
　　　 P:「もちろん彼にはそれが必要だよ。でも金曜日からは彼

は自分の寝る時間と食べ物しか気にしない。彼は少しは人と話はするけれどもいつもレースに集中している…」)

(9) の take care about は，その統語形式から次の2タイプに分けられ，それぞれのタイプに応じた意味を持ちます。(9a) に示す ［take care about + 人］の統語形式で「〜の面倒をみる，世話をする」の意味を表す type C と (9b, c) が該当する ［take care about + 事］の統語形式で，「〜を気にする」を意味する type D です。各タイプの頻度を比較すると，type D > type C となります。type D の成立は，「気を付けて」を意味する英語定型表現 ［take care + 事］と「〜を気にする，心配する」という意味の ［care about + 事］が混交して ［take care about + 事］になったと考えます。それと同時に，care が融合を起こし動詞から名詞へ品詞転換したと考えます。type C の場合，type D の ［take care about + 事］が成立した後，事以外に人も用いられるようになり，type C が成立したと考えます。このような成立の違いが，type C，type D の頻度に影響を及ぼしていると考えます。

(10) は，care of の例です。

(10) a. "Did you hear me?" She tried to keep her voice calm. She'd been doing that since she'd come back from England to *care of* her dying cousin.

(COCA, 2008, FIC)

(「聞こえたかい？」彼女は声を落ち着かせようとした。死に瀕した彼女のいとこの面倒を見るためにイギリスから戻って来て以来ずっと彼女はそうしてきた)

b. We learned that, although Native Hawaiian' ohana

strive to provide the best level of care for their ill member, deficits in knowledge, information seeking, and negotiation capabilities presented obstacles to *care of* the ill member.　　(COCA, 2008, ACAD)

（ハワイ先住民のオハナは病気のメンバーのために最高水準のケアを必死で提供してきたけれども，私たちは知識，情報検索，交渉能力の欠如が病気のメンバーの面倒をみるのに障害であることが分かった）

c. If she has to send for it, then tell her she can always write to you *care of* me — and here is the address.　　(COCA, 2000, FIC)

（もし彼女がそれを取りに行かせなければならないならば，その時は，私の住所に宛てにあなたが私のことを好きであるということを手紙を書いていただいていいですと彼女に伝えてください）

（10）の care of も，take care for, take care about と同じように，type E と type F という二つのタイプに分類されます。type E（＝(10a, b)）は，[care of＋人]の統語形式をとり，「～の面倒をみる，世話をする」という意味です。また type E の場合，care of の後には病気や社会的要因により面倒をみられる対象となる語（句）が用いられます。type F（＝(10c)）も type E と同じ統語形式ですが，「～を気にかける，好き」というように意味が異なります。これらを統語形式から区別する場合，type F の場合は care of の近くに「～を気にする」という意味を表す care about が用いられることがあります。両タイプの頻度は，

54

type E ＞ type F です。type E の care of の成立は，take care of と care for が混交し，take care of の take が省略され，care と名詞と動詞の機能が融合し，take care of の「面倒をみる」という意味を引きついだ care of になったと考えます。type F の成立は，type E の成立後，care about が近くに観察され，その意味的影響を受けて「〜を気にかける，好き」という［care of＋人］になったと考えます。

6. 結果とインフォーマント調査

　本節は，前節で得られた take care for, take care about, care of の量的・質的調査の結果に基づき，それらが新しいイディオムとして成立しているかどうかを調べます。そして，新しくできたイディオムが，これまでのイディオム（take care of, care for）とどのように異なるのかを述べます。その前に，前節で扱った三つの変異の実態をまとめたものが表 2.3 です。

表 2.3　新しい変異の統語的・意味的特徴

変異	統語形式	意味	タイプ
take care for	take care for＋人	〜の面倒をみる	type A
	take care for＋事	〜に対して責任がある	type B
take care about	take care about＋人	〜の面倒をみる	type C
	take care about＋事	〜を気にかける	type D
care of	care of＋人	〜の面倒をみる	type E
	care of＋人	〜を気にかける，好き	type F

第2章　変化形イディオム take care for, take care about, care of の実態　　55

次に表2.3 で示した各変異が，どのように構成されたのかを示し
たものが (11), (12), (13) です。(11) は take care for, (12)
は take care about, (13) は care of です。

(11)　take care of + 人 ──── care for + 人
　　　　　　　　　　　　　　　　混交，名詞 care と
　　　　　　　　　　　　　　　　動詞 care の融合
　　　　　　　　　　　　take care for + 人
　　　　　　　　　　　　↓ ← [take care of / care for + 事] の影響
　　　　　　　　　　　　take care for + 事

(12)　英語定型表現 take care ──── care about + 事
　　　　　　　　　　　　　　　　　混交，名詞 care と
　　　　　　　　　　　　　　　　　動詞 care の融合
　　　　　　　　　　　　take care about + 事 – type D
　　　　　　　　　　　　　　　　後続要素に「人」が
　　　　　　　　　　　　↓　　　用いられるようになる
　　　　　　　　　　　　take care about + 人 – type C

(13)　care for + 人 ──── take care of + 人
　　　　　　　　　　　　　混交，take の省略，動詞 care と
　　　　　　　　　　　　　名詞 care の融合
　　　　　　　　　care of + 人 – type E
　　　　　　　　　　　　↓ ← care about の影響
　　　　　　　　　care of + 人 – type F

　(11) から (13) に示すように，take care for, take care about,
care of は，既存のイディオムの混交，省略と名詞と動詞の機能
の融合により成立していることがわかります。そして，表2.3 に

示すように，新しくできた3変異には必ず care という英単語が含まれている，その新しい変異の意味は care に関連したものである，という2点より，イディオムの変異は意味の中心となる英単語は残したまま成立しているということがわかります。このような混交，省略，融合の働きを支える存在は，言語経済の法則の労力節減と考えます。

この三つの変異は第1章で述べた英語定型表現のプロセスのうち，語形成の方法と意味論的方法を兼ね備えたプロセスにより成立しています。また，3変異は繰り返し使用されているわけではないけれど独自の意味を発展させているということで，英語定型表現になる段階の途中であると考えます。次に，第1章のストレスパタンルールが適応されるかどうか英語母語話者（アメリカ人2名，カナダ人1名，イギリス人1名，オーストラリア人1名）に (14)（訳は省略）を読んでもらいました。

(14) a. The Catholic News proclaimed that "even the athe-istic civil authorities are thanking their lucky stars that the nuns, they once expelled, have come back to take care for the wounded soldiers."

　　 b. Did twenty-one-year-old communists have spare time in which to ruminate over rattlesnakes and vampires? "It is my job to take care for you," Bogdan said.

　　 c. During instruction, such values and related attitudes can be obtained if several conditions are estab-lished: building a community with members who take care about each other, using democratic rules when decisions have to be made, … .

d. "Did you hear me?" She tried to keep her voice calm. She'd been doing that since she'd come back from England to care of her dying cousin.

e. If she has to send for it, then tell her she can always write to you care of me — and here is the address.　　　　　　　　　　　　(COCA, 2000, FIC)

(14) を読んでもらった結果，4 名のインフォーマントが take cáre for, take cáre about, cáre of と発音しました。1 名のインフォーマントは，take care for を take care of に，take care about を care about に，care of を care for に読み替えて発音しました。インフォーマントの興味深い反応として，3 変異に馴染みがないせいか，take care – for, take care – about, care – of というように take care または care と前置詞の間にポーズが観察されることもありました。インフォーマント調査終了後，あるインフォーマントは 3 変異は take care of, care about, care for の意味なので，take care of, care about, care for に修正しないとだめなのではないか，という意見がありました。このことより，3 変異のストレスには一定のパタンを持つことがわかり，3 変異は take care of, care about, care for の変異として認識されていることと，意味的に重要なのは care ということがわかります。

　次に，本章で提示した 3 変異が既存のイディオムである take care of, care for と意味的にどのように異なるのか考えます。3 変異の用例数が少ないので，断定的なことを述べることはできま

せんが，今のところ本章で提示した用例の統語特徴より3変異は既存のイディオムと意味的には大差がないと考えられます。今後，3変異の使用頻度が高くなれば，既存のイディオムとの棲み分けが明確になると考えます。

それ以外のイディオム性の基準に照らし合わせて3変異を観察すると，頻度の低さより慣例化という基準は満たしていません。意味的・統語的観点から，3変異は固定的に使用され独自の意味を持つ単位として1語のように働きます。しかし3変異は，イディオム性のすべての基準を満たしているわけではないのでtake care of のような純粋なイディオムではなく，take care of より一つもしくはそれ以上イディオム性のレベルが下がると考えます。また，本章で扱った変異は頻度の低さから英語定型表現になる途中と考えます。

最後にイディオムのどこが変化するのか考えます。take care of の意味的に主要な語である care は変化せず，イディオムの意味的に主要ではない語（take care of の場合は前置詞（＝機能語））が変化し，変異が生まれると考えます。新しく作られた変異は，すべて care を含んでおり，care にストレスが置かれていることから，この考えは支持されます。たとえば，climb the ladder（出世する）の場合，ladder（はしご）が出世という比喩的な意味で使用されており，ladder はこのイディオムでは意味的に重要なので変化しません。出世＝上昇という考えより，上昇を明確に伝えることができる英単語（e.g. ascend, go up）が，「出世」を表す単語と一緒に用いられます。

7. 本章の応用

　本章で得られた研究成果は，「イディオムは変化しない」というこれまでのイディオムの概念に，「不変と思われていたイディオムも変化する」という新しい見解を与えたことです。その結果，次にあげる二つの応用が可能です。

　意味的に類似しているイディオムは，お互いに影響し合って新しいイディオムを作り出すという事実は，新しいイディオムの実態を正確に辞書の記述に反映させることができます。その結果，現代英語に起きている英語定型表現の変化に追いつくことができます。次に，新しいイディオムの出現により，これまで述べられてきたイディオム性について再考する機会を与えイディオム研究の発展に貢献できることです。

8. おわりに

　本章は，意味的に類似している take care of, care for, care about の混交によりできた新しいイディオム take care for, take care about, care of があることを提示しました。そして，「イディオムは変化しない」というこれまでの概念に「イディオムは変化する」という見解を付け加えました。本章で取り扱った take care for, take care about, care of は，コーパスから得られた頻度回数は低いので，今後の使用を追跡する必要があります。また，本章で扱った以外のイディオムにも本章で述べたような傾向が観察されるのかどうかを調べることにより，イディオムに起きている変化を捉えることができます。それにより，辞書の中にあ

るイディオムの記述の見直し，イディオムを判断する際に用いられるイディオム性の再考ができます。そして，英語定型表現の一部分であるイディオムに起きている変化が，イディオム以外の英語定型表現にどのように影響を与えているかを捉えることも可能になります。

第3章　間違いとされてきたコロケーション
make angry / mad

1.　はじめに

　英語には，怒りを表現する際にいろいろな英単語と英語定型表現があります。そのうち，怒りを表すコロケーションおよびイディオムは，自らの怒りを表す自動詞用法のものと他者を怒らせる他動詞用法のものに分けられます。それを以下の表3.1 示します（訳は省略）。表3.1 の他動詞用法で使用されている sb は somebody の略です（以下同じ）。表3.1 に示されている英語定型表現の後に記されている（C）はコロケーション，（I）はイディオムを表します。英単語の場合は，何も印はありません。

61

62

表 3.1　怒りを表す英単語と英語定型表現

自動詞用法		他動詞用法
get angry / mad (C)	lose one's temper (I)	make / get sb angry / mad (C)
blow a fuse (I)	blow a gasket (I)	drive sb mad (C)
blow your top (I)	blow one's stack (I)	annoy sb
go ballistic (I)	go bananas (I)	irritate sb
go berserk (I)	go nuts (I)	get on one's nerves (I)
hit / go through the roof / ceiling (I)	flip one's lid (I)	run one up the wrong way (I)
fly off the handle (I)	blow the roof (I)	
lose it (I)	lose your rag (I)	

　表 3.1 から，自動詞用法の英語定型表現が他動詞用法のものより多いことがわかります。また，どちらの用法でも，イディオムの場合，イディオム性の高いものから低いものまでといろいろなものがあることがわかります。

　表 3.1 で示したコロケーションのうち，他動詞用法の中で広く知られているコロケーション make sb angry / mad が，自動詞用法のコロケーションの中で馴染みのある get angry / mad の類推によりできたと考えられる自動詞用法 make angry / mad が観察されます。この make angry / mad は，これまでの先行研究では間違いとされ，現在は使用されないと述べられています。そこで本章は，この make angry / mad に焦点を当て，それらの実態をコーパス[1]から得られた例に基づいて明らかにしていきます。

---

[1] 2018 年 2 月 25 日，26 日，27 日，28 日，同年 3 月 1 日，2 日，5 日，6 日，

第3章　間違いとされてきたコロケーション make angry / mad　　63

　本章の構成は次の通りです。2節は get angry / mad と make sb angry / mad のこれまでの記述をまとめています。3節では，コーパスから得られた例を提示し，make angry / mad の実態について明らかにしていきます。4節は本章で得られた結果が支持されるかどうかインフォーマント調査を行った結果を提示しています。5節は歴史的側面から make angry / mad の使用実態調査を行い，6節は make angry / mad が英語定型表現として確立しているかどうかを述べます。7節は周辺的事象を扱い，8節は本章の研究の応用を提示しています。最後の9節は，本章のまとめです。

2.　先行研究

　本節は，自動詞用法の get angry / mad と他動詞用法 make sb angry / mad のこれまでの記述について述べます。その前に，get angry / mad と make sb angry / mad で使用されている動詞 get, make について説明します。

2.1.　get と make について

　これまでの先行研究の記述をまとめると，get には SVO, SVO₁O₂, SVOC の構文[2]で使用される他動詞用法と SVC の構

7日にアクセスしました。本章3節以降の用例の年代の後に記載されてある FIC 等は，第2章注2で述べたように使用域を表します。MAG は Magazine（雑誌），SP は Spoken（話し言葉）を表します。

　[2] 本書は，SV, SVA, SVC, SVO, SVOA, SVO₁O₂, SVOC, there is / are / was were ～と8つの構文を認めます。S は Subject（主語），V は Verb（動

文で使用される自動詞用法があります。本章で扱う get angry/mad の get は「～の状態になる，～に至る」という身体的，肉体的な変化の結果を表す自動詞で，become よりくだけた言い方で一時的な状態の結果を表します。Swan (2016) は，この get は become の意味で，類義語として go, come, grow, turn を記述しています。

　一方で，make sb angry/mad の make は SVO, SVO$_1$O$_2$/SVO$_2$ for O$_1$, SVOC の構文で使用される他動詞用法が一般的で，結果を表します。Swan (2016) は，make sb C（＝形容詞もしくは名詞）のパタンで sb が C に変化することと述べています。自動詞用法の場合，make C（C には形容詞が来て，「C の状態になる」という結果の意味）のパタンで使用されますが，このパタンは古風で，現在は使用されない，との説明があります。

2.2. get angry/mad

　怒りを表す自動詞用法の get angry/mad の記述は，(1) に示す通りです（訳は省略）。

(1) a. to become angry: *There's no point in **getting angry**.*
　　　◆ *He **gets** really **mad** if you touch his things.*

(MED²)

　　b. *He was beginning to **get angry**.*　　(*LDCE*⁶)

　　c. *We **get mad** at each other sometimes, like any family.* | [**+about**] *There's not need to **get mad** about*

詞)，A は Adverbial（副詞的語句），O は Object（目的語）（O$_1$ は間接目的語，O$_2$ は直接目的語），C は Complement（補語）です。

第3章 間違いとされてきたコロケーション make angry / mad　　65

　　　　　 it!　　　　　　　　　　　　　　　　　　　(*LDCE*[6])

d. She ***got*** [*become*] ***angry at*** what she said. (『ユース』)

e. The director got mad at me because I forgot my lines.　　　　　　　　　　　　(小西（編）(2006: 694))

f. *And if she doesn't win, she either **gets** [upset] and cries or **gets** [angry].*　　　　(Biber et al. (1999: 444))

2.3. make sb angry / mad

make sb angry / mad の先行研究に書かれていた用例は (2) の通りです（訳は省略）。

(2) a. **make sb angry** or **make sb mad**: *His attitude **makes** me really **angry**.* ◆ *It **makes** me **mad** the way she keeps criticizing me all the time.* ◆ ***What** really **makes** me **mad is** the way she expects every-one to do what she wants.*　　　　　　(*MED*[2])

b. *Jesse laughed, which **made** me even **angrier**.*

(*LDCE*[6])

c. *You **make** me so **mad**!*　　　　　　　(*LDCE*[6])

d. *Her behaviour really **made** me **angry**.*　　(*OALD*[9])

e. ***It makes** me **angry** when you don't try your hard-est.*　　　　　　　　　　　　　　　　　(『ユース』)

f. *The whole of mankind **makes** me angry.*

(Carter and McCarthy 2006: 523)

g. To be laughed at **makes** him angry.　(安藤 2005: 30)

以上の記述から，これまでの先行研究では本章で扱う make

angry/mad は現在使用されないという説明，もしくは何の説明
もありません。

3. コーパスに基づく量的・質的調査

コーパスを使用して，make angry/mad がどの時制と相で使
用されるか調べました。[3] その結果が表 3.2 です。表 3.2 は，時
制と相の組み合わせで検索した結果，観察された現在時制と過去
時制の数のみを表記してあります。ただし，現在時制でも主語が
3 人称単数の場合の makes angry/mad の用例は観察されなかっ
たので，記載をしていません。

表 3.2　コーパスで観察された make angry/mad の数

	COCA	BNC	WB
make angry	2	0	0
make mad	4	1	0
made angry	0	0	0
made mad	1	0	1

表 3.2 から make angry/mad は頻繁に観察されるというわけ
ではないことがわかります。以下にコーパスで観察された例をあ
げます（イタリックは筆者。以下同じ）。

---

[3] 本書は，時制と相の組み合わせとして次のものを認めています。現在形，
過去形，未来形，現在進行形，現在完了形，過去進行形，過去完了形，未来
進行形，未来完了形，現在完了進行形，過去完了進行形，未来完了進行形で
す。

第3章　間違いとされてきたコロケーション make angry / mad　　67

(3)　a.　Mr-MAHDI:　… , so I did not want them to *make angry*, or I just did not want to make any risk about myself, so I had to postpone the project.

(COCA, 2005, SP)

（M: … , だから，私は彼らに怒って欲しくなかったし，自分自身についていかなるリスクも負いたくなかったので，その計画を延期せざるを得ませんでした）

　　　b.　The two biggest bolts (from the 1860 Democrats and the 1912 Republicans) both cost the majority party the presidency. Perhaps it is true that whom the gods would destroy, they first *make mad*.

(COCA, 2010, MAG)

（2 大脱党事件はいずれも与党が大統領選に敗れるという損害をもたらした（1860 年の民主党員と 1912 年の共和党員）の両方は，多数党にとって大統領選に負担をかけた。おそらく，神々が破滅させようとする者は，始めに愚かな行為をする真実である）

　　　c.　It is said that those whom the gods wish to destroy, they first *make mad*, and it is clear that Tory Ministers are mad.　　　　　　　　(BNC, 1992, WR)

（神々が破滅させようとする者は，初めにおろかな行為をする最初は怒ると言われている。そして，トーリー党の大臣たちが怒るのは明白である）

　以上の用例を観察すると，どの用例も get angry / mad のように自動詞用法として make angry / mad が使用されていることが

わかります。ただし，(3b, c) は，ことわざ辞典を確認すると，同じことわざからきています。この make mad はことわざ起源なので，古い使い方が化石化して残っていると考えられます。(3) の make angry/mad の例は，一時的な怒りという感情の状態を表す angry とそれよりもさらに怒りの状態を表す mad に意味的な差異はなく，同じ「怒る」という意味で使用されています。make angry/mad は，話し言葉だけでなく書き言葉でも観察されるので誤植ではありません。また，make angry/mad は，アメリカ英語とイギリス英語両方で観察されるので，どちらかの英語の特徴というわけでもありません。

　make angry/mad が，どのように自動詞用法として使用されるようになったのか考えていきます。前述しましたが，make angry/mad の成立は，get angry/mad の類推により本来のコロケーションである make sb angry/mad が make angry/mad になったと考えます。この成立要因は，意味に基づくものです。次に先行研究の節で触れましたが，make は古風で現在は使用されませんが SVC の構文を持っていました。そして，get angry/mad は (S)VC の構文です。この make, get の両方が持つ構文が影響して，make angry/mad が成立したと考えます。この成立要因は，統語的なものです。つまり，make angry/mad は意味的および統語的要因があわさって成立したと考えます。この説明を図式化したものが (4) になります。

第 3 章　間違いとされてきたコロケーション make angry / mad　　69

(4)

4. インフォーマント調査

　前節で述べた本章の結果が支持されるかどうかを，英語母語話者（アメリカ人 2 名，イギリス人 2 名，オーストラリア人 1 名，カナダ人 1 名）に協力してもらい次に示す二つの調査を①→②の順番で行いました。①(1) の get (got) angry / mad を make (made) angry / mad に変えた英文の容認性の調査，②(3) の make (made) angry / mad の英文の容認性の調査，です。

　その結果，次のようになりました。①について，インフォーマント全員が make (made) angry / mad へ変更した英文を容認可としました。この結果から，make (made) angry / mad は get (got) angry / mad とほぼ同じと捉えていることがわかります。次に②(3) の make (made) angry / mad の英文の容認性の調査結果ですが，インフォーマント全員がどの用例も make (made) angry / mad で容認可と判断しました。

　このことから，make angry / mad = get angry / mad であり，make angry / mad は自動詞用法を確立させているという本章の結果が支持されたことがわかります。

5. 歴史的側面からの使用実態調査

本節は，COHA[4] を使用して make angry / mad の歴史的な使用実態を調査しました。表 3.2 で make angry / mad は現在時制と過去時制のみで観察されたので，本節も二つの時制の make angry / mad を検索しました。その結果，make angry 以外の用例が観察され，その用例の一部を (5) に示します。

(5) a. "…. I have heard that whom the gods would destroy they first *make mad*; men and angels have been employed to save me from destruction."

(COHA, 1835, FIC)

(「…神々が破滅させようとする者は，初めに愚かな行為をするということを聞いたことがあります。人と天使が破滅から私を救うために遣わされたと」)

b. His own emotions came close to the surface. He broke off with Harriet, in a scene that he had wanted to keep gentle but that she *made angry*.

(COHA, 1980, FIC)

(彼自身の感情が表に出るところまできた。彼は大人しくしていたかったが彼女が怒ってしまった場面で，彼はハリエットと縁を切った)

上記の例から，自動使用法の made angry / mad と make mad は，散見されるわけではないけれど 1810 年以降から観察される

---

[4] 2018 年 3 月 6 日にアクセスしました。

第3章　間違いとされてきたコロケーション make angry / mad　　71

ことがわかります。

6.　英語定型表現かどうか

　本節は，make angry / mad が英語定型表現であるかどうか考察します。make angry / mad は，頻度が低いため固定的に使用されるかどうか断定はむずかしいですが，既存の語を活用して形成されるだけでなく意味論的方法である類推により形成されており，独自の意味と機能（自動詞用法）を持っています。このことから，英語定型表現の一種であるコロケーションとして確立しつつあると言えます。今後は，頻度が増えることが予想され，散見されると推測します。

7.　周辺的事象

　本節は，先行研究の記述をもとに make angry / mad 以外に新しい英語定型表現が観察されるかどうか調べます。

7.1.　[become / go / grow / turn＋angry / mad]

　先行研究の記載にあったように，get angry / mad の get の類義語として become, go, come, grow, turn があります。本節は，［これらの動詞＋angry / mad］の使用実態を調べます。make angry / mad が現在時制と過去時制で使用されていたので，それにならい become / go / come / grow / turn＋angry / mad の現在時制と過去時制をコーパスで検索しました。その［それぞれの動詞＋angry / mad］の使用頻度は表 3.3 に示す通りです。come＋

angry / mad は，現在時制と過去時制の両方で観察されなかった
ので，表 3.3 には記載していません。

表 3.3　get の類義語の動詞 + angry / mad の頻度

	現在時制	過去時制
become angry	133	199
become mad	6	7
go angry	1	0
go mad	399	261
grow angry	25	68
grow mad	0	2
turn angry	0	8
turn mad	0	1

　表 3.3 から，次のことがわかります。go angry / mad を除き，
became / grew / turned + angry / mad というように［過去時制 +
angry / mad］のほうが［現在時制 + angry / mad］より多く使用さ
れることがわかります。また，時制に関係なく become, grow,
turn は angry のほうが mad より頻度が高いことがわかります。
つまり，表 3.3 からわかったことは数量的に，［became / grew /
turned + angry］と［go mad］が一般的なパタンであることがわか
ります。しかし，go mad は本章が研究対象としている「怒る」
という意味以外に，狂った，おかしくなったという crazy の意
味で使用されています。
　この数量的結果から，次の疑問が浮かび上がります。① angry
と共起することが多い動詞もあれば mad との共起が多い動詞も
あるが，これはなぜか？，②動詞によって，現在時制での使用が

第 3 章　間違いとされてきたコロケーション make angry／mad　　73

多い場合と過去時制で使用されることが多い場合があるが，これ
はなぜか？，③①と②と関連して，angry と mad の意味は，共
起する動詞の時制によって異なるのか？，という 3 点です。こ
の 3 点について，コーパスからの用例を基に考えていきます。

　①についてです。下記の（6）の例を参照してください。基本
的に怒りを表す際に動詞と使用される英単語は，angry です。そ
の理由は，次の通りです。angry は単義の英単語によりどの動詞
と共起しても明確に怒りを伝えることが可能です。一方で，mad
は angry（怒り）以外に，crazy（狂った），uncontrolled（制御でき
ない），mentally ill（精神的に病気である）というように多義の英単
語により，動詞と共起した際に mad のどの意味を伝えているか
不明です。このことから，怒りを表す際には，意味的に誤解を与
えずに明確に怒りであることを示す angry が動詞と共に使用さ
れると考えます。go の場合は，mad との共起が angry より多い
理由は，これは go mad で「気が狂う，発狂する」という意味の
馴染みのあるコロケーションとして確立しているためと考えます。

　　（6）a.　"Some people go through hard times, *become angry*
　　　　　and bitter as a result and stay stuck in that bad
　　　　　place," says Monica T. Campbell, Ph.D., a psychol-
　　　　　ogist in Philadelphia who specializes in depression,
　　　　　anxiety and stress management. (COCA, 2014, MAG)
　　　　　（「中には苦労を経験しその結果怒り，みじめになりその悪
　　　　　い状態に留まっている人たちがいる。」と鬱，不安，ストレ
　　　　　ス管理を専門とするフィラデルフィアに住んでいる心理学
　　　　　者モニカ・T・キャンベル博士は言う）

b. SAWYER: ... , I was quoting Edmund Morris, the biographer, saying on television, "I saw this splendid person beginning to *become mad*," ... .

(COCA, 1999, SP)

(S: … 伝記作家であるエドモンド・モリスがテレビで言ったことを引用すると，「私は，この素晴らしい人が怒り出すのを見た」ということです)

c. "It's an honor to serve the Sages, and to study here, but if you see things here, you *go mad*."

(COCA, 2010, FIC)

(「セイジ家に仕え，ここで勉強できることは名誉なことですが，ここでの状況を見たら，あなたは怒るだろう」)

d. Some African Americans who are exposed to stress maintain an inner calm; others *grow angry* and become ill. (COCA, 1999, MAG)

(ストレスに晒されているアフリカ系アメリカ人は，内なる穏やかさを維持している人もいるし，怒りで病気になってしまう人もいる)

次に②について考えていきます。過去時制が使用される動詞は become, grow, turn です。(7) の例を参照してください。

(7) a. She *became angry* and called me a thief Me, I was laughing. (COCA, 2015, FIC)

(彼女は怒って，私を盗人と呼んだ。私をですよ。私は笑っていましたけれどね)

b. She said she wanted to try to understand why her

son, a normally humble, quiet man who loved to draw, *grew angry* and violent. (COCA, 2016, NEWS)

（彼女はなぜ，普段は謙虚で静かで，絵を書くのが好きな自分の息子が徐々に怒り，暴力的になったのかを理解したかったと言った）

c. "That's weird," said Ann. "Ours worked great." Suddenly, Liam's expression *turned angry*.

(COCA, 2007, FIC)

（「それは変だね」とアンは言った。「私たちのものはうまく働いた」突然，リアムの表情が怒りに変わった）

　(7) に示す動詞の共通点は，[became / grew / turned + angry] というパタンが一般的な使用ということから，感情が angry へ変化した結果を表している動詞ということです。さらに，［これらの動詞＋angry］の使用頻度を細かく見ていくと，became angry ＞ grew angry ＞ turned angry という頻度順です。became は，ただ感情が怒りへと変化したという結果を表すために使用された動詞で，それ以外に際立った意味的特徴はありません。次に grew ですが，これは感情が徐々に angry へ変化したという過程と angry へ変化したという結果の両方を表した動詞です。最後の動詞 turn ですが，turn は一般的に (8) に示すように色，年齢，素材，職業の視覚的に捉えることができる変化を表す際に使用されます（訳は省略）。

　(8) a. *She **turned bright red** and ran out of the room.*

b. *I **turned fifty** last week. It's all downhill from now on.*

c. *Everything that King Midas touched **turned** (**in**)**to** **gold**.*

d. *He worked in a bank for thirty years before **turning** **painter**.*

(Swan (2016))

turned angry の場合，angry は色ではありませんが，angry と聞いて怒りで turned red のように顔が赤色に変化することが想像できます。この類推により，turned angry として使用されるようになったと考えます。そして，turn が過去時制で用いられるのは，angry という感情が赤色を伴った目に見える変化したという結果を表すためと考えます。

　上記の用例と説明から，［三つの動詞の過去時制＋angry］は「怒った」を意味していますが，次の意味的な違いが存在します。単に感情の変化の結果を表す became angry，怒るという感情の変化が徐々に募っていった過程に重きを置いた grew angry，怒るという感情の変化を視覚的に表した turned angry という違いがあります。

　最後に③について述べていきます。上記に示した用例と説明から，go と共起する以外，angry と mad の意味は共起する動詞の時制により異ならないことがわかります。

7.2.　表 3.1 のイディオムの変異

　表 3.1 で示したイディオム go＋ballistic / berserk / bananas / nuts の go の代わりに get，make，become，come，grow，turn の現在形と過去形が使用されるのか調べました。その結果，(9) に示

す become berserk（おかしくなる）の 1 例と（10）に示す get nuts（気が変になる，おかしくなる）の 2 例が観察されました。

(9) … elephants become traumatized, they rampage, they *become berserk*.　　　　　　　　　　（COCA, 2000, SP）

（…象は心に傷を負い，凶暴になり，おかしくなる）

(10) "People *get nuts* sometimes, they strike out."

（COCA, 1994, FIC）

（「人々は時折おかしくなり，失敗します」）

（9），（10）で観察された become berserk と get nuts は，意味的には表 3.1 で提示した go berserk, go nuts の二つのイディオムの変異と考えられますが，それらの頻度の低さから，確固とした変異として確立しているとは断言できません。今後は，このような変異が観察されるかどうか引き続き調査を行う必要があります。

8. 本章の応用

　本章で得られた他動詞用法のコロケーションが意味に重きを置いた結果，自動詞用法に変化したという興味深い結果は，今後，意味的に類似したコロケーションにも応用可能であると考えます。現在出版されている辞書は，充実したコロケーションを記述していますが，今後は「自動詞用法であるとか他動詞用法であるとか文法規則ではなく意味的に類似しているコロケーションはそのパタンにも影響し合う」という前提のもとでコロケーションの記述を行えば，本章で扱った make angry/mad も理解しやすい

のではないかと考えます。

9. おわりに

　本章は，怒りを表すコロケーション make sb angry / mad が
get angry / mad の影響を受けて変化し，make angry / mad のコ
ロケーションとして使用されることを実証的に明らかにしまし
た。この現象の背景には，意味を伝えることが言語において優先
され，そのために文法規則を超えて簡略化するという言語経済の
法則のうち労力節減が働いていると考えます。この研究成果を通
して，私たちの言語は規則で説明できる部分はごく一部で，規則
を超えて多様な使われ方をしていることが理解できます。特に英
語定型表現の場合，意味の類似によりこれまでの規則を超えた使
用があることがわかります。

第4章　これまでの説明を超えた［in spite of＋節］

1.　はじめに

　本章で扱う英語定型表現は，第1章の（10a）の（ii）である「定型句の形を変えない」ものです。その形を変えない定型句が，機能変化を起こしている現象を扱います。

　英語定型表現の形を変えて機能変化する現象の一つとして，八木・井上（2004）で述べた譲歩の意味を表す一連の英語定型表現（regardless of, in spite of など）が，構成要素である前置詞の省略により機能転換しています。また住吉（2005）は，理由を表す英語定型表現 on account of に前置詞用法と接続詞用法を認めています。その on account of から派生したと考えられる異形 on account と account of を提示し，on account には前置詞用法と接続詞用法，account of には接続詞用法をあることを述べています。一方，英語定型表現の形を変えずに機能変化している研究は，寡聞にして知りません。そこで本章は，譲歩の意味を持ち前置詞句として機能する英語定型表現 in spite of が形を変えず

79

に［in spite of＋節］という接続詞へ機能を変化させていることに焦点を当て，この変化が譲歩の意味を表す英語定型表現とそれ以外の英語定型表現にも起きているのかどうか検証します。

　その検証を，本章はコーパスから得られた例を詳細に観察することにより［in spite of＋節］の実態を量的，質的に明らかにします。また，in spite of 以外に存在する譲歩の意味を表す英語定型表現と［前置詞1＋名詞＋前置詞2］（以後，［前1＋名＋前2］と表記します）から成立する群前置詞にも類似の現象が起きているのかどうかを説明します。このような［in spite of＋節］の一つの新しい言語現象を皮切りにして，私たちの言語活動は自由かつ多様であることを述べます。

　本章の構成は，次の通りです。2節は，in spite of，英語定型表現の前置詞化・接続詞化の記述をまとめています。3節は，第1章で述べた本書の研究手法を発展させた研究手法を述べています。4節は［in spite of＋節］の実態，5節は in spite of 以外の譲歩の意味を表す英語定型表現の接続詞用法獲得について，6節は［前1＋名＋前2］から成立する群前置詞が接続詞用法を獲得しているかどうか明らかにしています。7節は5，6節で得られた結果からの考察と応用の可能性，8節は本章のまとめとなっています。

2．先行研究

　本節は，in spite of，英語定型表現の前置詞化・接続詞化のこれまでの記述を概観します。

2.1. in spite of

in spite of は，辞書，文法書には「～にもかかわらず」という意味の前置詞句として機能し，despite と同じ意味で使用されると述べています。また in spite of は，第1章で述べた前置詞の3タイプのうち，前置詞と他の語が結合した単義の群前置詞と言えます。群前置詞 in spite of の後には句を従え，節を従える場合は in spite of the fact that 節のパタンと認めています。in spite of が節を直接従えることは間違いとされています。しかし(1)に示すように，Quirk et al. (1985) は about, without はくだけた文体では接続詞として使用されるが，(1a, b)の用例にある「前置詞＋節」のパタンは一般的には容認されない，と述べています。また，このようなことは，前置詞を接続詞としても使用するという継続的な流れの一例である，とも述べています。別の例として，on account (of) ＋節はくだけた文体ではいくらか容認されると述べています（訳は省略）。

(1) *About* and *without* are used as subordinators for finite clauses in informal style, but are not generally considered acceptable:

    a. ?She explained to us *about there's nothing for teenagers to do in the village.*

    b. ?We can't even read in our bedroom *without one of the children comes barging in wanting something.*

They are among recent examples of a continuing trend to use prepositions also as subordinators. *On account (of)* <esp AmE>, another recent example, has

82

achieved somewhat greater acceptability in informal style:

I can't come now *on account* (*of*) *I have to look after my baby brother*.

(Quirk et al. (1985: 999))

2.1.1. 辞書

in spite of についての英英辞典，英和辞典の説明を (2) に記載します。(3) は，辞書ではありませんが DANTE の in spite of についての説明です。(4) は OED^2 で観察された 671 例の in spite of の例ですが，(4a) は in spite of＋名詞句，(4b) は in spite of＋the fact that，(4c) は in spite of＋oneself と in spite of と共に使われる語句は 4 つに分類されます ((2), (3), (4) の訳は省略)。

(2) a. **in spite of sth** used for referring to a fact that makes something else surprising ＝DESPITE: *In spite of feeling tired, we decided to go out.* ◆ *a sweet smile in spite of all her problems.* ◆ **in spite of the fact that** *The house will certainly sell, in spite of the fact that it's overpriced.*   (MED^2)

b. **in spite of sth** without being affected or prevented by something SYN despite: *We went out in spite of the rain.* | *Kelly loved her husband in spite of the fact that he drank too much.*   ($LDCE^6$)

c. You use **in spite of** to introduce a fact which makes

第4章 これまでの説明を超えた［in spite of＋節］　83

the rest of the statement you are making seem sur-
prising.　☐ *Their love of life comes in spite of, al-
most in defiance of, considerable hardship.*　(*COB*[8])

d.　*He continued to play,* **in spite of being** *badly in-
jured* (✘ *in spite of he has badly injured.*)

（『ロングマン』）

e.　in spite of は前置詞の一種なので ✘ They went out
in spite of it was raining. は不可．節を続ける時は
in spite of the fact that it was raining とする

（『ユース』）

(3)　**COMPOUND**　in spite of $\boxed{\text{prep}}$ despite ◇ *Thus, in*
spite *of the cordial welcome which that Spaniard had
given to Victor Marchand and his soldiers, the young
officer held himself perpetually on his guard.*　◇ "*In*
spite *of 70 years of Communism, the Azeri people
have kept their customs and the Islamic religion," he
added.*　◇ *In* **spite** *of his preaching and miracles, they
refused to be converted unless at least one of them
could see for himself the punishments of the wicked
and the rewards of the good.*　(DANTE)

(4)　a.　1940 *Jrnl. Exper. Psychol.* XXVI. 233 The oscilla-
tions of hedonic tone in his case are slight, and the
tone rises continuously from the beginning, *in spite
of* pain and fatigue.

b.　1986 *Daily Tel.* 8 Sept. 3/2 *In spite of* the fact that
many people are bitten annually by ticks in the

New Forest it is extremely rare for any of them to develop Lyme disease.

c. 1914 G. B. SHAW *Pygmalion* 1, in Nash's Mag. Nov. 152/2 The Note Taker (*whipping out his book*). Heavens! what a sound! ··Ah — ah — ah — ow — ow — ow — oo! The Flower Girl (*tickled by the performance, and laughing in spite of herself*). Garn! (*OED*^{2})

(2), (3), (4) の記述から，in spite of はこれまで起きたことと関係なく驚くべきことが起きた事実を述べるために使用され，despite（～にもかかわらず）と同じ意味で使用されることがわかります。そして，in spite of は直接に節を従えることは間違いとされ，［in spite of＋the fact that 節／oneself／句］のパタンが認められています。

2.1.2. 文法書

(5) から (15) はこれまでの文法書での in spite of についての用例，説明です（用例の訳は省略）。

(5) a. He won the race $\left\{ \begin{array}{l} \textit{in spite of} \\ \textit{despite} \end{array} \right\}$ *his injured leg.*

(Quirk et al. (1985: 565))

b. I admire him, *in spite of his faults.*

(Quirk et al. (1985: 705))

(6) *In spite of* is used as a preposition. **In spite of** + **noun** means more or less the same as **although** + **clause**. (in

第4章　これまでの説明を超えた [in spite of＋節]　　85

spite of は前置詞として使用されます。in spite of＋名詞は，おおよそ although＋節と同じ意味です)

*We went out **in spite of** the rain.* (= … although it was raining.)

*We understood him **in spite of** his accent.* (= … although he had a strong accent.)

In spite of is the opposite of *because of.* Compare: (in spite of は because of とは反対です。比較をしてみなさい)

*She passed her exams **in spite of** her terrible teacher.*

*She passed her exams **because of** her wonderful teacher.*

In spite of can be followed by an *-ing* form. (in spite of は -ing 形を従えます)

***In spite of having** a headache I enjoyed the film.*

In spite of cannot be followed directly by a *that*-clause. Instead, we can use *in spite of the fact that.* (in spite of は，直接 that 節を従えることはできません。代わりに，in spite of the fact that を用います)

*He is good company, **in spite of the fact that** he talks all the time*.

This is rather heavy: *although* means the same, and is more common. In more formal English, *despite* can be used in the same way as *in spite of.* (こちらのほうがより直接的です。つまり，although は同じ意味で，より一般的です。より格式張った英語では，despite が in spite of と同じ

ように使用されることがあります) (Swan (2016))

(7) in spite of + NP (Aarts (2011: 158))

(8) 譲歩：in spite of, despite, for all, with all, notwith-
standing

〈譲歩〉の前置詞としては, in spite of が最も普通である。
despite は, もっと〈格式的〉である。

(Quirk et al. (1985: 705))

a. I admire him, **in spite of** his faults.

(Quirk et al. (1985))

(彼にはいろいろ欠点はあるが, 敬服している)

b. Three more nuclear power stations were built **de-
spite** widespread opposition. (*MED*)

(広範囲にわたる反対にもかかわらず, 原子力発電所がさら
に三つ作られた) (安藤 (2005: 651))

(8) の記述から分かるように, 安藤 (2005) は in spite of,
despite 以外の for all, with all, notwithstanding も後続に句を
従える前置詞として扱っています。小西 (編) (2006) も同様の
説明をしています。

(9) in spite of the fact / that

(Celce-Murcia and Larsen-Freeman (2015: 500, 545))

(10) In spite of the fact that there is one more can of beer
here, I'm leaving.

(もう1缶ビールがあるけれど, ぼくはおいとまする)

(安井 (編) (1996: 292))

第4章　これまでの説明を超えた [in spite of＋節]　　87

　(10) の安井 (編) (1996) では，in spite of を「譲歩的な関係」
と説明しています．

　(11) a.　They started *in spite of* the heavy rain.
　　　　　（彼らはひどい雨にもかかわらず出発した.）

　　　　　　　　　　　　　　　　　　　　　（安井 (2007: 210)）

　　　b.　He insisted on *going* in spite of the storm.

　　　　　　　　　　　　　　　　　　　　　（安井 (2007: 239)）

　　　c.　They marched on **in spite of** *the heavy snow*.
　　　　　（彼らは豪雪にもかかわらず進んでいった.）

　　　　　　　　　　　　　　　　　　　　　（安井 (2007: 522)）

(11) に示す安井 (2007) は，in spite of を群前置詞で譲歩の意
味を表す副詞句として扱い (11c) の例をあげています．

　(12) に示す Huddleston and Pullum (2002: 618f.) は，in
spite of＋名詞句をもっとも化石化した表現の一つ (one of the
most fossilised expressions) と述べ，(12) のような用例を記載
しています．

　(12) a.　[*In spite of*/*Despite* the recession,] *travel agents
　　　　　seem to be doing well.*

　　　b.　[*In spite of*/*Despite* having grown up in Paris,] *So-
　　　　　nia doesn't speak French.*

　　　　　　　　　　　　　　（Huddleston and Pullum (2002: 736)）

　Biber et al. (1999) は，譲歩を意味するものとして in spite of
を扱い，(13) の例を記述しています．

(13) ***In spite of these criticism***, *it is generally accepted that trade-off models do offer some valuable insights.* (ACAD) (Biber et al. (1999: 788))

(14) に示すように，石橋（編）(1966) は in spite of は後に名詞，動名詞，the fact that を従えると説明しています。

(14)　in spite of + 名詞，動名詞，the fact that

(石橋（編）(1966: 799f.))

最後に，渡辺（編）(1976) は，in spite of と類似の表現として regardless of, notwithstanding, for all をあげ，(15) の例を記載しています。例を見ればわかりますが，どの表現も句を従えています。

(15) a. *In spite of* [*Regardless of, Notwithstanding, For all*] the rain he went out. (渡辺（編）(1976: 670))

　　 b. *In spite of* [*Regardless, With all, For all*] his faults, I love him still. (ibid.)

　　 c. *In spite of* [*Regardless of, Notwithstanding*] the fact that there were so many present, no one offered help to him. (渡辺（編）(1976: 671))

以上の先行研究の説明と用例から，in spite of は次の特徴を備えています。in spite of は譲歩の意味を表す前置詞（「〜にもかかわらず」）であり，in spite of = despite であり，in spite of + 句／名詞句（the fact that）のように後には名詞句もしくは名詞節がきます。in spite of の類似の表現として，regardless of, with all, for all, notwithstanding があります。

2.2. 八木・井上 (2004)

　八木・井上 (2004) は，regardless of を中心として譲歩の意味を表す英語定型表現が，その一部である前置詞を省略して，前置詞，接続詞，節末副詞として振る舞うことを述べました。このような現象の背景には，whatever, no matter の前置詞用法の影響があると述べています（詳細は，八木・井上 (2004: 158ff.) を参照）。本章の研究対象である in spite of の場合，in spite + 名詞句，in spite + 名詞節，節末副詞の in spite を認めています。各例は下記の通りです。

(16) a. Robin Collomb, author of the guide, warned that <u>in spite</u> its comparatively low altitude of 4,026 metres
… 　　　　　　　　　　　　(BNC; 八木・井上 (2004: 168))
（ガイドの著者であるロビン・コロムは，4026 メートという比較的低高度にもかかわらずと警告した）

b. "… <u>in spite</u> he makes himself understood don't get me wrong." 　　　　　　　(WordBanks; ibid.)
（「… 彼は彼自身を理解させたにもかかわらず。誤解しないでください」）

c. "They all get … ." "Well … ." "… their come-up-pance, they do <u>in spite</u>." ("Well" は，話し相手が口をはさんだもの。get their come-uppance … と続く）
　　　　　　　　　　　　　　　　　　　(BNC; ibid.)
（「彼らは当然の報いを全て受けました。彼らは受けたにも

かかわらず」)

in spite of を含めた譲歩を意味する英語定型表現がどのような構造を従えるかをまとめた一覧が表 4.1, 表 4.2 です。表 4.1 は, 譲歩を意味する英語定型表現の本来の機能の一覧で, 表 4.2 は八木・井上 (2004) で得られた結果の一覧です。

表 4.1　譲歩を意味する英語定型表現の本来の機能の一覧

	＋wh 節	＋名詞句	＋名詞節	＋節末副詞
regardless of	○	○	○	×
irrespective of	○	○	○	×
irregardless of	○	○	○	×
in spite of	○	○	○	×

(八木・井上 (2004: 170))

表 4.2　八木・井上 (2004) で得られた譲歩の意味を表す英語定型表現の新たな機能一覧

	＋wh 節	＋名詞句	＋名詞節	＋節末副詞
no matter	○	○	×	×
whatever	×	○	○	×
regardless	○	×	×	○
irregardless	○	○	×	○
in spite	×	○	○	○
despite	○	○	○	○
irrespective	○	○	○	○
notwithstanding	○	○	○	○

(ibid.)

八木・井上 (2004) は, 表 4.1 の×が表 4.2 の○になる理由は,

第 4 章　これまでの説明を超えた［in spite of ＋節］　　91

意味の類似した表現は，お互いに機能について影響を与え合い，お互いに新たな機能を発達させるという類推によると結論づけています。それだけでなく，表 4.2 の×が今後○になることが推測できるとも述べています。

2.3.　住吉 (2005)

　住吉 (2005) は，［前 1 ＋名＋前 2］からなる英語定型表現のうち，理由の意味を表す on account of に焦点を当て，on account of の異形と接続詞用法の on account of の意味機能を述べています。

　on account of の異形として，(a) on account 名詞句／wh …／(名詞句)doing, (b) on account (that) 節，(c) account of 節を認めています。on account of 以外に前置詞用法が認められる異形は (a) であり，on account of と二つの異形 ((b), (c)) は接続詞用法を持つと述べています。BNC から得られた結果を提示し，on account of 名詞句／wh …／(名詞句) doing が最も多く，(a), (b) は観察されなかった，と述べています。また，接続詞用法は 6 例観察され，on account of 節が 3 例，(b) が 3 例であるとも説明しています。それらの例を (17) に示します。(17c) の account of ＋節は，文献からの引用です。

(17) a.　I had to sleep in the same room as loads of them **on account of** we said I was his secretary.

(BNC: G1D 466; 住吉 (2005: 120))

(私たちが私は彼の秘書であると言ったという理由で，彼らの多くと同じ部屋で寝なければいけなかった)

b. Someone once said he'd have known me anywhere by the voice but he'd have passed me by in the street **on account** I look much better in person than I do on the telly.　(BNC: H9Y137; 住吉 (2005:120f.))

(彼はどこにいても声で私だとわかると誰かがかつて言ったけれど，テレビよりもじかによりよく見えるという理由で彼は通りで私を通り過ぎて行った)

c. **Account of** you think you're tough you're going up to State Prison where you'll have to prove it.

(E. Leonard, 1994 (US); Burchfiled (1996: 15-16); 住吉 (2005: 113))

(あなたは自分がタフだと思っているのだから州刑務所に行くのだ。そこで自分がタフだということを証明しなければならない)

　理由の接続詞として用いられる on account of, on account, account of は，前者二つが事象 A と B に因果関係があり，後者は修辞学的な意味（事象 A と B に因果関係はなく，談話の流れをうけて A という事象から大げさに B を述べること）であると述べています。

3.　研究手法[1]

　本節は，次節以降で［in spite of＋節］を中心とした譲歩の意

---

[1] 本章で提示した用例に記載されているコーパスにアクセスした日は，2017 年 10 月 19 日，26 日，29 日，30 日，31 日，同年 11 月 6 日，7 日，8 日，

味を表す英語定型表現の接続詞化の実態を述べる際に必要となる研究手法を説明します。

COCA の各年代の 100 例（話し言葉 50 例，書き言葉 50 例）を無作為に選んで，［in spite of＋節］がどれほど使用されているのか調べます。ただし，話し言葉で使用される in spite of の用例が 50 例に満たない場合は，話し言葉全ての用例を調査し，書き言葉の用例数を増やして各年代 100 例になるように調整します。in spite of 以外の譲歩を表す英語定型表現とそれ以外の英語定型表現が後にどのような要素を従えるかを調べる際も同じ方法を採用します。COHA を使用して in spite of と類似の英語定型表現，それ以外の英語定型表現研究の後続する要素を調査する場合は，各年代から COHA にある機能 FIND SAMPLE（ランダムに用例を選んでくれる機能です）を使用して用例数が 500 例以上の場合は 500 例を，1000 例以上の場合は 1000 例を調査します。

下記の 4 節で示す頻度と用例は，Thus, a person who fails to succeed *in spite of* hard work is said to be troubled by his inner head（see Idowu 1994: 181–2）.（COCA, 2008, ACAD）（用例の訳は省略）のように一見［in spite of＋節］のように見えますが，a person who fails to succeed [in spite of hard work] is said to be troubled by his inner head のような in spite of＋名詞句が挿入的に使用されている例は除外してあります。

---

21 日，23 日，27 日，28 日，2018 年 2 月 15 日，16 日です。

4. in spite of＋節

4.1. 量的調査

COCA, BNC, WB を使用して，［in spite of＋節］の数を調べた結果，BNC では in spite of が 2696 例観察され，そのうち［in spite of＋節］は 2 例，WB では 1399 例の in spite of が観察され，［in spite of＋節］は 3 例観察されました。COCA では，in spite of は 7755 例観察されました。各年代 100 例中で［in spite of＋節］の例がどれほど使用されているかを示したものが表 4.3 です。記載がされていない年は，［in spite of＋節］が観察されなかったことを示します。

表 4.3　COCA の各年における［in spite of＋節］の数

in spite of＋節	書き言葉	話し言葉	合計
1991	1	1	2
1992	1	0	1
1993	0	1	1
1998	1	0	1
1999	1	0	1
2000	1	0	1
2001	1	0	1
2003	0	1	1
2008	0/56	1/44	1
2010	1/56	0/44	1
2013	0/34	4/66	4
2015	4/75	0/25	4

　表 4.3 から，現在に近づくにつれて［in spite of＋節］が少しずつ増えていることがわかります。［in spite of＋節］が現代英語

第4章 これまでの説明を超えた [in spite of + 節]　　95

に見られる特徴的な現象かどうかは，以後の COHA の歴史的調査結果と併せて述べます。

その前に，表 4.3 で提示した [in spite of + 節] の書き言葉と話し言葉の観察数が図 4.1 であり，図 4.2 は 10 年ごとの [in spite of + 節] の数です。

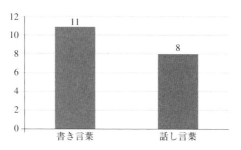

図 4.1　書き言葉と話し言葉で観察された [in spite of + 節] の数

図 4.1 より [in spite of + 節] は書き言葉で多く観察されることがわかるので，決して誤植ではないことがわかります。

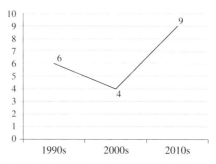

図 4.2　10 年ごとの [in spite of + 節] の数

図 4.2 より，[in spite of + 節] は 2000 年代の 10 年間より

2010年代（〜2015年までのデータ）の5年間で約2倍に増えているので，現代英語では［in spite of＋節］が浸透しつつあると言えます。次に，このことが歴史的観点からも同じことが言えるかどうかを調べた結果が表4.4です。COHAは1810年代からの用例がありますが，記載がされていない年は，［in spite of＋節］が観察されなかったことを示します。

表4.4　COHAで観察された年代ごとの［in spite of＋節］の数

1820s	1/333	1920s	4
1840s	1	1940s	1
1850s	1	1950s	1
1860s	1	1970s	1
1880s	1	1990s	6
1890s	1	2000s	4/475
1900s	2		

表4.4で示した用例数が，現在へどのような変遷を経ているかを示したものが図4.3です。

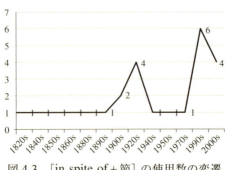

図4.3　［in spite of＋節］の使用数の変遷

第4章　これまでの説明を超えた［in spite of＋節］　　97

　通時的・共時的観点から［in spite of＋節］の実態を調査した結果，［in spite of＋節］は誤植ではなく，20世紀に入って使用が増え，現在に近づくにつれてその使用数が増していることがわかります。

4.2.　質的調査

　本節は，［in spite of＋節］の振る舞いをコーパスから得られたデータをもとに述べていきます（イタリックは筆者。以下同じ）。(18) は COCA, BNC, WB の現代英語に観察された例，(19) は COHA で観察された後期近代英語[2]と COCA, BNC, WB で扱っていない 1900 年から 1990 年代までの現代英語の用例です。

(18) a. State regulators and legislators have begun an inquiry into why rates have not declined *in spite of* a law passed last year intended to lower premiums.

(COCA, 2008, NEWS)

（昨年通過した法が保険料を下げることを意図しているにもかかわらず，その保険料率が下がらなかった理由について州の監督所と議会は調査を始めた）

b. ZAHN: *In spite of* what you say is some progress the Saudis have made, this clearly has got to be an

---

[2] 本書は，次の英語の時代区分に従います。450 年頃から 1100 年頃を古英語 (Old English), 1100 年頃から 1500 年頃までを中英語 (Middle English), 1500 年頃から 1900 年頃までを近代英語 (Modern English) とし，そのうち 1500 年頃から 1700 年頃までを初期近代英語，1700 年頃から 1900 年頃までを後期近代英語とします。1900 年以降は現代英語 (Present-day English) とします。

affront to them, hasn't it, to say their country is not safe enough for the U.S. Embassy or U.S. consulate offices?　(COCA, 2003, SP)

(Z: あなたが言うことはサウジアラビア国民が成し遂げてきた進歩にもかかわらず，これは明らかに彼らにとって侮辱となったものですよね。つまり，彼らの国はアメリカ大使館もしくは領事館にとって十分に安全ではないということですか？)

c. The closest I came to an answer was figuring out that things happen not because but *in spite of* Nasty monks don't make you smarter. (COCA, 2001, MAG)

(私が得た最も近い答えは，意地の悪い僧侶があなたをより賢くさせない理由ではなく，意地の悪い僧侶があなたをより賢くさせないにもかかわらずということで物事が生じることを理解しました)

(18) の用例から，[in spite of + 節] は文中もしくは文頭で用いられ，その節には現在形，過去形，未来形の直説法が用いられています。意味は，「主語が〜（動詞の意味が該当します）したにもかかわらず」という譲歩の意味で用いられます。(18) の用例のうち，興味深い例として，(18c) は相関接続詞 not A but B の A の位置に because，B の位置に in spite of が来ています。これは，because と in spite of を同じ節を導く接続詞として扱っていると理解できます。

次に COHA からの例 (19) を参照してください。

(19) … and *in spite of* his furious struggles at last captured him alive. (COHA, 1849, FIC)

（…彼は激しく暴れ回ったけれどもついに生け捕りになった）

(19) で示した［in spite of＋節］が，(18) で提示した現代英語（1990 年以降）に観察される［in spite of＋節］と異なる点は，(19) の［in spite of＋節］は文中にのみ観察されます。この点以外，(19) の［in spite of＋節］の節は現在形と過去形の直説法を従え，「主語が〜（動詞の意味が該当します）したにもかかわらず」という譲歩の意味で用いられています。また，(18) と同じように，［and in spite of＋節］のパタンが使用された場合，そのパタンは文中で述べられた内容に情報を追加しています。

4.3. 成立方法

本節は，なぜ［in spite of＋節］が用いられるようになったのか考察します。

［in spite of＋節］の成立は，次に示す 4 つの要素が絡み合って成立したと考えます。①「although＋節」の類推，② in spite of the fact that 節の the fact that の省略，③八木・井上（2004）で述べた in spite＋節の機能変化，④ about＋節の影響，です。このうち，①，②，④は［in spite of＋節］という形態上の変化に影響を与えたものであり，①，③は［in spite of＋節］の in spite of の機能上の変化に影響を与えたものと考えます。

先行研究でも述べた通り，in spite of が直接に節を従える形は，これまで容認されませんでした。しかし，上記に述べた①，②，④の影響により形態的な変化が起こり，そして，その変化と

同時に①，③の影響により接続詞への機能転換を起こしたと考えます。この形態上と機能上の変化により［in spite of＋節］が成立したと考えます。このような本来の形でなぜ機能転換を起こすのかという理由は，形を変えるよりも本来の形のほうが意味的に誤解を与えない，つまり言語経済の法則の最小限の労力で新しい機能を生じさせることが可能です。このように，言語の本質は意味を伝えることという立場に立てば，形を変えないという最小限の力で機能転換をするほうが多大な労力を伴わないだけでなく，誤解を招くこともありません。先行研究で述べられてきたことと本章で明らかにしたことを図式化すると (20) のようになります。

(20)

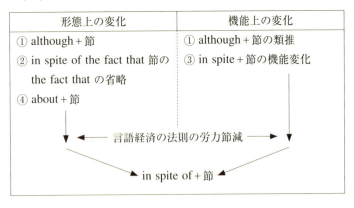

5. in spite of 以外の譲歩の意味を表す英語定型表現

本節は，in spite of 以外の譲歩を表す英語定型表現が，節を直接従える接続詞用法を持っているかどうか現代英語コーパスを用

第 4 章　これまでの説明を超えた [in spite of＋節]　　101

いて調べました。その結果をまとめたものが表 4.5 です。

表 4.5　譲歩を意味する英語定型表現の接続詞用法の有無

	○ or ×		○ or ×
regardless of	○	notwithstanding	○
irregardless of	×	for all	×
despite (of)	×	with all	×
irrespective of	○		

　表 4.5 から，regardless of, irrespective of, notwithstanding の英語定型表現が接続詞用法を持っていることがわかります。各英語定型表現の接続詞としての用例を (21) から (23) に記載します。(21) は [regardless of＋節]，(22) は [irrespective of＋節]，(23) は [notwithstanding＋節] の例です。

(21) a. It claims corporately the divine right to decide what is right for the Irish people *regardless of* what the Irish people think is right.　　(WB, 1996, WR)

　　（アイルランド人が何が正しいかと思うことに関係なく，アイルランド人にとって何が正しいかを決める神から与えられた権利を全体として主張している）

　　b. Child abuse is demonstrably a problem in Irish society, *regardless of* who commits the offence.

(WB, 2005, WR)

　　（幼児虐待は，誰がその犯罪を犯しているにも関係なく明らかにアイルランド社会での問題です）

(22)　GREEN FLAG protection covers your car, *irrespective of* who drives it.　　(WB, 1995, WR)

（緑の旗保護は，誰が運転しようともあなたの車を保証します）

(23) a. *Notwithstanding* all participants agreed that parent involvement is significant through reading acquisition processes. (COCA, 2015, ACAD)

（参加者全員が，親の参加は読書収集プロセスを通して重要であると同意したにもかかわらず）

b. The remedy had to be to put the claimant in the same position as the mother. That was appropriate *notwithstanding* the secretary of state would end up paying twice. (WB, 2005, WR)

（その救済策は請求者を母親と同じ立場におくべきであった。国務大臣は2度払いすることになるが，それは妥当なやり方であった）

ここで，なぜ irregardless of, despite (of), for all, with all には接続詞用法がないのかという疑問が浮かび上がります。これに対しての回答は，意味的に似たもの同士はその機能にも影響を与えるという類推の働きにより，今後［irregardless of＋節］，［despite (of)＋節］，［for all＋節］，［with all＋節］が観察される可能性があると考えます。

表4.5 で示した三つの英語定型表現が節を直接従える例があるかどうかを COHA で調べました。図4.4 が［regardless of＋節］の結果で，現在に近くにつれて［regardless of＋節］の数が増えていることがわかります。図4.5 は，［irrespective of＋節］の数で，1920 年代から 1960 年代まで観察されたのみで現在は観察されません。図4.6 の［notwithstanding＋節］は，現在に近くに

第4章 これまでの説明を超えた [in spite of+節]　103

つれて減っていることがわかります。ただし，1830 〜 1890 年は用例数が多いので，FIND SAMPLE の 500 例を調べました。

図 4.4　COHA で観察された [regardless of+節] の数

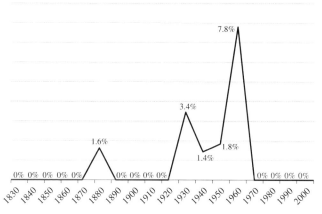

図 4.5　COHA で観察された [irrespective of+節] の数

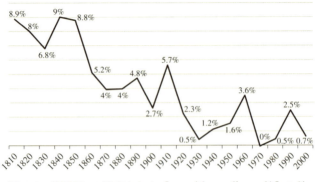

図 4.6 COHA で観察された [notwithstanding + 節] の数

6. その他の英語定型表現

Biber et al. (1999) を参照して, [前 1 + 名 + 前 2] の構造を持つ五つの英語定型表現 on behalf of, in case of, by means of, for the purpose of, on the basis of を選択し, COCA, BNC, WB で「それぞれの英語定型表現 + 節」が観察されるかどうか調べました。その結果, (24) に示す [in case of + 節] の例が 1 例のみ観察されました。

(24) Mr-ZOMA: … . And the player were put under pressure and it was real bad *in case of* they lose or they miss a penalty shot or any, … . (COCA, 2004, SP)
(Z: 選手はプレッシャーをかけられており, 彼らが負けたりペナルティーシュートを外したりなどした場合は本当にまずかった)

(24) の [in case of + 節] は, 話し言葉で観察されるため [in

case＋節］の言い間違いではないかと推測します。また in case of 以外の英語定型表現は直接に節を従える例は観察されなかったため，譲歩を意味する英語定型表現以外の英語定型表現が節を直接従えることは稀と考えられます。今後は，同じ意味を表す英語定型表現に分類して調査を行うと，［regardless of＋節］のような例が観察されるかもしれません。

7．今後の可能性

　本章で明らかにした現象は，前節でも触れましたが，譲歩以外の意味を表す英語定型表現にも今後適応されることが推測されます。ただし，その場合は（i）英語定型表現の意味が明確に確立されていること，（ii）同じ意味を表す英語定型表現が複数あること，という二つが条件となります。

8．おわりに

　本章は，譲歩の意味を表す英語定型表現が形態上の変化を起こさないまま新しい機能を獲得していることを述べました。意味を重視した立場に立てば，このような形を変えずに新たな機能を獲得することは効率的な言語現象と言えます。現在，このような現象は主に譲歩の意味を表す英語定型表現に観察されますが，今後はさまざまな意味を表す英語定型表現にも観察される可能性があります。

第 5 章　形を変えた群前置詞 **in accordance to** の実態

1.　はじめに

　英語論文などの学術的な英語で「～に従って，準じて，～によると」と表現する場合，群前置詞 according to もしくは in accordance with が使用されることがあります。先行研究の箇所でも触れますが，Quirk et al. (1985: 713) は in accordance with ＝according to と述べています。しかし，(1) に示すように，according to と in accordance with はそれらと一緒に使用される語句の観察より必ずしも同じ振る舞いをするとは言えません（イタリックは筆者によるものです。以下同じ）。後で詳しく述べますが，in accordance with は法や規則などの従ったほうがよい語句と一緒に使用されますが，according to はもっと幅広い語句と伴に用いられます。また (2) に示すように according to と in accordance with の混交によりできたと考えられる in accordance to が観察されます。

107

(1) a. *According to* 2013 Census Bureau data on state and local government finances, … .

(COCA,[1] 2017, ACAD)

(2013 年の州と地方政府の財政についての国勢調査局のデータによると，…)

b. The choice-of-law clause states: "This agreement shall be governed by and construed *in accordance with* Hong Kong law … ." (COCA, 2017, ACAD)

(法選択の規定は次のように述べている。「この合意は，香港の法に基づいて統治され，それに従って解釈されるものとする」)

(2) a. All animals were cared for *in accordance to* the Guide for the Care and Use of Laboratory Animals as published by the National Institutes of Health.

(COCA, 2015, ACAD)

(すべての動物は，国立衛生研究所から出版されている実験動物の管理と使用のガイドに準じて世話された)

b. We agreed to build the building *in accordance to* the client's soils report. (COCA, 2011, NEWS)

(私たちは，顧客の土壌報告書に従ってそのビルを建設することに同意した)

筆者が調べた限り，これまでの先行研究は (3a) に示すように in

---

[1] アクセス日は，2018 年 3 月 22 日，同年同月 29 日，同年 4 月 4 日，6 日，13 日です。

accordance to は間違いとされてきました。[2]

(3) a. Incorrect usage: The chemical company acted *in accordance to* the new environmental regulations.
（誤用：その化学会社は，新しい環境規則に従って行動した）

b. Correct usage: The chemical company acted *in accordance with* …　　(http://www.btb.termiumplus.gc.ca)

本章扱う in accordance to は，既存の群前置詞である according to, in accordance with と無関係ではないと考え，2 節で according to, in accordance with 等のこれまでの記述を振り返ることからはじめます。そして，3 節で according to と in accordance with の違いを実証的に述べます。4 節は，in accordance to の量的・質的調査の結果を述べ，in accordance to の実態を明らかにします。5 節は本章で得られた研究成果の応用を述べ，6 節は本章のまとめとなっています。

2.　先行研究

本節は，本章が研究対象とする「～に従って，準じて」を意味する according to, in accordance with のこれまでの記述の紹介

---

[2] *OED*[2] では，in accordance to について下記に示すように「現代のフレーズ in accordance with (to はまれ) …」と説明しており，in accordance to の用例を 1 例あげています（訳は省略）。in the modern phrase, ***in accordance with*** (rarely ***to***): in agreement or harmony with; in conformity to. 1865 Pusey *Truth & Off. Eng. Ch*. 212 This was in accordance to Du Pin's previous conviction.

110

と，二つの群前置詞で使用されている according と accordance の意味である「一致，調和」を表す英単語である compliance, conformance についても触れます。

2.1. according to

(4) は，according to の辞典の記述です（訳は省略）。(5) 以降は，文法書の according to の記述です（用例の訳は省略）。

(4) a. if you do something according to a plan, system, or set of rules, you do it in a way that agrees with or obeys that plan, system, or set of rules: *We should try to play the game according to the rules.* ◆ **go according to plan** (= happen in the way that was intended or planned) *If everything goes according to plan, they should finish by Thursday.* (*MED*[2])

b. as shown by something or stated by someone: *According to the police, his attackers beat him with a blunt instrument.* | *There is now widespread support for these proposals, according to a recent public opinion poll.* ! Do not say 'according to me' or 'according to my opinion/point of view'. Say **in my opinion**: *In my opinion his first book is much better.* (*LDCE*[6])

c. as stated or reported by sb/sth: *According to Mick, it's a great movie.* ◇ *You've been absent six times*

第5章　形を変えた群前置詞 in accordance to の実態　　111

according to our records.　　　　　　　　　$(OALD^9)$ [3]

d.　① PHRASE If someone says that something is true **according to** a particular person, book, or other source of information, they are indicating where they got their information.　□ *Phillip stayed at the hotel, according to Mr Hemming.*　□ *He and his father, according to local gossip, haven't been in touch for years.*　② PHRASE If something is done **according to** a particular set of principles, these principles are used as a basis for the way it is done.　□ *They both played the game according to the rules.*　③ PHRASE If something varies **according to** a changing factor, it varies in a way that is determined by this factor.　□ *Prices vary according*

---

[3] Language Bank というセクションに，according to (reporting someone's opinion) と同じように使用される表現を太字で記述しています。以下を参照してください (訳は省略。)。

- *Photography is, **according to Vidal**, the art form of untalented people.*
- ***For** Vidal, photography is the art form of untalented people.*
- *His **view is that** photography is not art but merely the mechanical reproduction of images.*
- *Smith **takes the view that** photography is both an art and a science.*
- ***In** Brown's **view**, photography should be treated as a legitimate art in its own right.*
- *James **is of the opinion that** a good painter can always be a good photographer if he or she so decides.*
- *Emerson **believed that** a photograph should only reflect what the human eye can see.*

to the quantity ordered. (*COB*[8])

(5) *According to* X means 'in X's opinion,' 'if what X says is true.' (According to X は, 「X の意見」, 「X の言うことが真実ならば」と言う意味です)

According to Harry, *it's a good film.*

The train gets in at 8.27, **according to the time**.

We do not usually give our own opinions with *according to*. Compare: (通常, according to で自分自身の意見を述べることはありません)

According to Anna, *her boyfriend is brilliant.* (= If what Anna says is true, …)

In my opinion, *Anna's boyfriend is an idiot.* (NOT ~~*According to me*~~,[4] …)

(Swan (2016))

(6) a. In news, prepositional phrases are often used to convey the source of information, especially with the preposition *according to*: (ニュースでは, 特に前置詞 according to の場合, 前置詞句は情報源を伝えるためにしばしば用いられます)

Venezuela has paid more than $900m dollars in overdue interest on its public sector debt to commercial banks, **according to Chase Manhattan**.

(NEWS)

---

[4] According to me の存在と説明については, Leech (1980), Macleod (1985) を参照してください。COCA では 30 例観察されました。

According to later reports Gerald Harte was suspected of triggering the Ballygawley bomb. (NEWS)

*The driver of the small truck and four family members in the car were killed when fire engulfed the two vehicles, **according to Sgt. Rick Fields**.* (NEWS)

(Biber et al. (1999: 863f.))

b. In addition to the most common adverbials described above, the use of *according to* + NP in news is noteworthy, since it reflects the singular emphasis in news on stance adverbials that show the source of knowledge. *According to* is used with sources that range from specifically named people and publications to sources identified only by their location:

（上記の最も一般的な副詞語句に加えて，ニュースで使用される「according to ＋ 名詞句」の使用は特筆すべきことです。その理由は，ニュースで「according to ＋ 名詞句」は情報源を表す態度の副詞に唯一の強調がおかれているからです。According to は，具体的に名前をあげられた人や出版物から場所のみが特定される情報源と共に使用されます）

***According to Mr K**, it all started with an argument with a customer over a faulty toy in an Easter egg last year.* (NEWS)

According to liquidator of the stockbroking firm which crashed as a result of the Farrington

stead failure, *the summons for her arrest was issued that year.* (NEWS)

One person in 10 failed to spell any word correctly **according to the Gallup survey of 1,000 adults**.

(NEWS)

But drinkers will get off reasonably lightly, **according to reliable Westminster sources**. (NEWS)

The adverbial *according to* + NP is much less common in other registers. In conversation, when *according to* + NP is used, it tends to distance the speaker from the proposition, as though the speaker does not want to be considered responsible for the information or does not agree with it: (副詞的語句「according to + 名詞句」は，他のレジスターでは一般的ではありません。会話で「according to + 名詞句」が使用された時，話者はその情報に責任があると思われたくない，もしくはそれに賛成してないかのように，話者を命題から遠ざける傾向にあります)

Well it should dry out later **according to the weather forecast**. (CONV)

I was leading Margaret astray **according to Eileen**.

(CONV)

I think it's a brown one. **According to Mary** *it looked brown.* (CONV)

(Biber et al. (1999: 871))

(7) a. *According to* meaning 'as reported' (「報告したように」の意味の according to)

第5章　形を変えた群前置詞 in accordance to の実態　　115

The most frequent use of *according to* is when reference is made to external evidence to support a statement or an opinion: (according to の最も頻繁な使用は，発言や意見を支持するために外的証拠について述べられる時です)

According to the safety experts, *it was all right when they left it.*

*It's the same in every block, **according to Cliff**, the caretaker.*

*This delay, **according to Mr Mckay**, probably violated federal law.*

*It's going to be delayed, **according to what Nick told us**.*

According to is frequently used to refer to statistics, official reports, surveys, opinion polls, studies, research, etc., especially in more formal contexts: (according to は統計，公式な報告，調査，世論調査，研究などを言及するためにしばしば使用されます)

According to a recent report by the National Food Alliance, children are being saturated with advertisements for sugar-rich confectionary.*

*And regional government, **according to a poll** taken last month by Gallup, attracts the support of less than one in three of the public.*

☆Note that *according to* refers to evidence from someone or somewhere else. As such, it usually has a third person referent. It cannot be used to refer to one's own views or statements: (according to は誰かもしくは他の何かからの証拠について言及します。そのようなものとして，according to は第3者を指示対象として含みます。個人の考えや発言を言及するために使用されることはありません)

In my opinion *all those sites should be made green-field sites.*

(~~According to me / according to my opinion, all those sites should be ...~~)

b. *According to* meaning 'in agreement with' (「～と一致して」を意味する according to)

According to is also used to mean 'in line with', 'in harmony with' or 'depending on'. In this meaning it is most typically not used in front position: (according to は，「～と一致して」，「～と調和して」，「～によると」という意味でも使用されます。この意味では，according to は（文の）冒頭で使用されることは典型的ではありません)

*And is it all going **according to plan** so far?*

*If the police acted **according to the law**, then they should arrest him.*

[talking about placing people on a salary scale]

*I'm sure they probably grade people **according to their experience**.*

*Prices vary very slightly **according to whether***

第5章　形を変えた群前置詞 in accordance to の実態　　117

you want 'hotel' or 'hostel' service.

A closely related phrase is *in accordance with*, which is used in informal, written contexts to mean 'in obedience to', or 'strictly following (rules and regulations)':（密接に関連している定型表現は in accordance with で,「〜に従って」もしくは「（規則と規制に）厳密に従って」という意味でくだけた, 書かれた文脈で場面で使用されます）

*The Socialist government, elected in 1994, resigned in December, but **in accordance with the constitution**, the President had to call on the Socialist party to form another government.*

（Carter and McCarthy（2006: 25f.））

(8) *According to* is used to identify not so much a reaction to, as an interpretation of, events.　It is used chiefly for a 3rd person:（according to は出来事についての反応ではなく, 解釈を認定するために使用されます。主に3人称が用いられます）

To him / you / me

According to him / ?you / ??me ⎫⎬⎭ this is quite unexpected.

Note This use of *according to* should be distinguished from the different sense of *in accordance / agreement / conformity with*:（according to の使用は, 異なる意味である in accordance / agreement / conformity with（〜に一致して）と区別されるべきです）

$$\left.\begin{array}{l} \textit{in accordance with} \\ \textit{according to} \end{array}\right\} \text{the new regulations}$$

(Quirk et al. (1985: 712f.))

(9) a. according to … は，普通は話者の知識・見解が他か
らのものであることを意味します。またしばしばそ
れが権威である者［物］によることを含意します。

b. また according to … は「…に従って判断すれば」の
意味に使われることもあって，この場合は話者自身
に関することを意味することも可能のようです。

(渡辺（編）(1995: 757f.))

以上の辞典と文法書の記述をまとめると，according to は表
5.1 に示すようになります。

表5.1　according to の特徴

	＋後続する語句	意味	特徴
according to	情報源（人，本，報道，研究など）	〜によると	後続する語句を遵守する必要はない
according to	法，規則	〜に従うと	後続する語句を遵守した方が良い

2.2. in accordance with

本節は，in accordance with（〜に従って）の辞書（＝(10)）と
文法書（＝(11)）の記述です（訳は省略）。

(10) a. in a way that follows a rule, system, or someone's
wishes: *in accordance with the terms of the con-
tract*

(*MED*[2])

第5章　形を変えた群前置詞 in accordance to の実態　119

b. *formal* according to a rule, system, etc.: *Article 47 may only be used **in accordance with** international law.* | *Use this product only in accordance with the manufacturer's instructions.* (*LDCE*[6])

c. (*formal*) according to a rule or the way that sb says that sth should be done: *in accordance with legal requirements* (*OALD*[9])

d. PHRASE If something is done **in accordance with** a particular rule or system, it is done in the way that the rule of system says that is should be done. □ *Entries which are not in accordance with the rules will be disqualified.* (*COB*[8])

(11)　in accordance with [(まれ) to] …に従って；…と一致して (安藤 (編) (2011: 7))

前節の according to と (10)，(11) の記述から，in accordance with は according to と同じ意味で使用されるとありますが，in accordance with の後に続く語句の観察から必ずしもそうとは限りません。in accordance with は，[in accordance with + 法，規則，制度] の統語形式で使用されることから，後に続く語句は人ではなく遵守したほうがよい語句のみが観察されます。

2.3.　compliance と conformance について

according to と in accordance with で使用されている according, accordance は「一致，調和」という意味です。これらの意味の名詞と同じ意味で使用される単語を類義語辞典で調べた結

果，compliance, conformance がありました。その二つの単語の
辞典等の先行研究の記述をまとめたものが (12), (13) です（訳
は省略）。

(12) a. the practice of obeying a law, rule, or request: +
with *strategies to force compliance with air quality
standards* ◆ **in compliance with** *All building work
must be carried out in compliance with safety regu-
lations.*   (*MED*²)

b. *formal* when someone obeys a rule, agreement, or
demand → **comply: in compliance with sth** *He
changed his name to Lee in 1815 in compliance
with his uncle's will.*   (*LDCE*⁶)

c. ~ (**with sth**) the practice of obeying rules or re-
quests made by people in authority: *procedures that
must be followed to ensure full compliance with the
law* ◇ *Safety measures were carried out **in compli-
ance with** paragraph 6 of the building regulations.*

(*OALD*⁹)

d. **Compliance with** something, for example a law,
treaty, or agreement means doing what you are re-
quired or expected to do. [FORMAL] □ [+ with]
The company is in full compliance with labor laws.

(*COB*⁸)

(13)   in conformance to / with

a. behavior found to be not *in conformance with* all

company policies regarding sexual harassment

b. a woman with no interest *in conformance to* the dictates of fashion (merriam-webster.com)

(12) から, compliance は [in compliance with + 規則, 法, 要求, 同意を表す単語] の統語形式で使用されることがわかります。(13) に示すように, conformance は [in conformance to / with + 規則, 命令] という統語形式が認められていることがわかります。

3. これまでの群前置詞の振る舞い

本章「はじめに」の箇所でも述べましたが, 先行研究の記述とは異なり according to と in accordance with はそれらに続く語句から同じ群前置詞ではないことがわかります。本節は, コーパスで得られた例を基に according to, in accordance / compliance / conformance with の振る舞いを明らかにしていきます。

COCA, BNC, WB を使用して according to, in accordance with, in compliance with, in conformance with を検索した結果, according to は 161,779 例, in accordance with は 6431 例, in compliance with は 698 例, in conformance with は 33 例観察されました。[5] according to, in accordance with, in compli-

---

[5] 内訳は, 以下の通りです。according to 161,779 例 (COCA 128,574 例, BNC 15,521 例, WB 17,684 例), in accordance with 6431 例 (COCA 3762 例, BNC 2044 例, WB 625 例), in compliance with 698 例 (COCA 542 例, BNC 99 例, WB 57 例), in conformance with 33 例 (COCA 29 例, BNC 2 例, WB 2 例) です。

ance with を無作為に 100 例選択し，in conformance with は 33
例，これらすべての群前置詞と一緒に使用される語句を調べたと
ころ，表 5.2 のような結果が得られました。

表 5.2　according to, in accordance / compliance / conformance
　　　　with の特徴

	＋後続する語句	意味	特徴
according to	情報源 （人，本，報道， 研究など）	〜による と	後続する語句を 遵守する必要は ない
according to in accordance / compliance / conformance with	法，規則など	〜に従う と	後続する語句を 遵守したほうが よい
in accordance / compliance / with	意志，精神など	〜による と	後続する語句を 遵守する必要は ない

　表 5.2 から，according to は他の群前置詞より頻度が高いため，
後続する語句に多様なものを従えると考えます。その結果，ac-
cording to のみ人と一緒に用いられます。それ以外の群前置詞
は，法，規則，基準などの遵守した方がよい語句もしくは意志，
精神などの語句が後続することから，according to と in accor-
dance / compliance / conformance with は必ずしも同じ振る舞い
をする群前置詞ではないことがわかります。

第5章　形を変えた群前置詞 in accordance to の実態　　123

4．in accordance to の実態

　本節は，in accordance to の実態を量的・質的側面から明らかにしていきます。

4.1．量的調査

　COCA では in accordance to は 47 例（書き言葉 42 例，話し言葉 5 例）観察された一方で，BNC は 1 例，WB は 5 例でした。これより，現代英語では in accordance to は 48 例観察されます。

　次に，in accordance to の歴史的な使用変遷を調べるために COHA[6] を活用したところ，下記に示す年代で in accordance to が観察されました。

表 5.3　COHA で観察された in accordance to の年代と用例数

年代	用例数	年代	用例数
1820	2	1900	2
1830	1	1920	1
1840	2	1930	1
1850	1	1970	1
1860	1	1980	2
1880	2		

　表 5.3 と本章注 2 で述べた OED^2 の記述から，in accordance to は昔から散見されているわけではなく，COCA，BNC，WB の用例数から現在に近づくにつれて活発に使用されていることが

---

[6] 2017 年 3 月 29 日と同年同月 30 日にアクセスしました。

わかります。次節では，コーパスから得られた用例をもとに通時的・共時的に in accordance to の用例を詳細に調べ，その実態を明らかにしていきます。

4.2. 質的調査

表5.3 に示した in accordance to が通時的にどのように使用されたのかを示した用例が（14）です。（15）は共時的コーパスから得られた用例です。

(14) a.　... ; therefore, the result will be *in accordance to* the first management.　　　　　(COHA, 1839, NF)

（…したがって結果は，最初の扱い方次第ということになる）

b.　The unbeliever has been made to taste, hear, see, smell, and feel *in accordance to* the will of another person.　　　　　(COHA, 1849, FIC)

（不信心者は，他人の意思に応じて味わい，見て，匂いを嗅ぎ，感じるようにさせられたのである）

c.　The banker receives in interest *in accordance to* what the borrower makes on the loan.

(COHA, 1932, NEWS)

（銀行家は，借手がローンで稼いだ金額に応じて利子を受け取る）

d.　... the only job of judges is to ensure that trials are held *in accordance to* law.　　　(COHA, 1981, NEWS)

（…裁判官の唯一の仕事は裁判が法に従って行われることを確保することである）

第 5 章 形を変えた群前置詞 in accordance to の実態　　125

(15) a. Eubank has no special game plan tonight and says: I'll play it by ear and *in accordance to* Thornton's fighting spirit. … . (BNC, 1992, WR)

（ユーバンクは特別な行動計画はなく、こう言った。「私は聞き覚えとソートンの闘志に従って演奏する。….」）

b. A senior Interior Ministry official told the BBC that the government had acted at all times strictly *in accordance to* its law. (WB, 1990, SP)

（内務省の上級担当官は、BBC に政府は法に従っていつ何時も厳格に行動すると述べた）

c. COREN: Yes, that's right. AirAsia confirming today that they will pay each family 100,000 U.S. dollars. This is *in accordance to* Indonesian regulations.

(COCA, 2015, SP)

（C: そうです。エアアジアは今日、各家族に 100,000 ドルを払うことを認めました。これはインドネシアの規則に従ったものです）

d. *In accordance to* Carver and Scheier's (1988) framework, …. (COCA, 2008, ACAD)

（カルバーとシャイアー (1998) の枠組みによると、….）

(1), (14), (15) の用例から、in accordance to に続く語句は、表 5.4 に示す 3 タイプに分けられます。各タイプの意味も記載しておきます。

126

表 5.4　in accordance to の特徴

in accordance to	＋後続する語句	意味	後続する語句の遵守度合い
タイプ (i)	法, 規則などの遵守したほうがよいもの	～に従うと	高
タイプ (ii)	情報源（研究, ガイドライン, 実際にしたことなど遵守する必要がない客観的なもの）	～によると	中
タイプ (iii)	意志, 精神などの主観的なもの	～によると	低

表 5.4 は, in accordance to の後続する語句に従う必要性があるかどうかという尺度を示していますが, タイプ (i) → タイプ (ii) → タイプ (iii) というように従う度合いが低くなっています。in accordance to は後続する語句, 意味, 後続する語句の遵守度合いの 3 点の密接な関係により 3 タイプに分けられます。また in accordance to は, 表 5.2 で示した according to と異なり, 後続する語句に人を従えることがありません。これは, 本来の ［in accordance with＋法, 規則などの遵守したほうがよいもの］ という統語形式が保持されているためと考えます。表 5.1, 5.2, 5.4 から, in accordance to は ［according to＋法, 規則などの遵守した方がよいもの］ と ［in accordance/compliance with＋法, 規則などの遵守したほうがよいもの］ の混交により成立したと考えます。そして, 群前置詞 in accordance to として働いていると考えます。

4.3. インフォーマント調査

　前節で得られた in accordance to の結果が支持されるかどうかを調べるために，インフォーマント（英語母語話者7名：アメリカ人2名，イギリス人2名，オーストラリア人1名，カナダ人1名）に（16）の in accordance to が使用されている英文の容認性を質問しました。（16）のうち，（16a, b）は先行研究で使用されていた［according to + 人］を［in accordance to + 人］に変えた［in accordance to + 人］の容認性のテストです。

(16) a. This delay, in accordance to Mr Mckay, probably violated federal law.

　　 b. It's the same in every block, in accordance to Cliff, the caretaker.

　　 c. Eubank has no special game plan tonight and says: I'll play it by ear and in accordance to Thornton's fighting spirit. You may say he has an intimidating record.

　　 d. TOMALIN: From London BBC World Report. This is Caroline Tomalin. This week: Is Somalia on the verge of collapse?

　　　　 SIG. TUNE BARRE: We thought that the country was under corruption, bribery, nepotism, tribalism and in accordance to our minds this would handicap the progress and development of the country.

　　 e. COREN: Yes, that's right. AirAsia confirming today that they will pay each family 100,000 U.S. dol-

lars. This is in accordance to Indonesian regula-
tions. Now, they initially were offering the fami-
lies 24,000 U.S. dollars just to help them through
this period.

f. In accordance to Carver and Scheier's (1988)
framework, it was hypothesized that goal-perfor-
mance discrepancies will be a stronger predictor of
negative ST.

インフォーマントの反応は次の通りです。(16a, b) の accord-
ing to を in accordance to に変更した場合，インフォーマント
全員が［in accordance to＋人］のパタンを容認しませんでした。
(16c, d, e, f) については，in according to を容認するインフォー
マントが4名，容認しないインフォーマントが2名，according
to もしくは in according with に書き換えたインフォーマントが
1名いました。

このことから，①［in accordance to＋人］のパタンはない，
② in accordance to は存在し，それは according to と in accor-
dance with の混交により［in accordance to＋情報源，法，規則
など］のパタンとなった，と本章で述べた結果が支持されたこと
がわかります。

4.4.　既存の群前置詞との違い

本節は，これまでの節で提示した表 5.1, 5.2, 5.4 から ac-
cording to, in accordance with, in accordance to の三つの群前
置詞の関係を述べます。

第 5 章　形を変えた群前置詞 in accordance to の実態　　129

三つの群前置詞に続く語句から，（17）に示す関係になります。

(17)　according to +（i）情報源，（ii）法，規則など
　　　　　　　↓
　　　in accordance to +（i）情報源，（ii）法，規則など，（iii）
　　　意志，精神など
　　　　　　　↑
　　　in accordance with +（ii）法，規則など，（iii）意志，精
　　　神など

本章で論じた in accordance to は，これまで広く使用されてきた群前置詞である according to と in accordance with の中間に位置することがわかります。

5.　本章の応用

　本章で扱った in accordance to は，これまでに存在し，使用されてきた意味的に類似する群前置詞の混交により成立し，独自の意味を持つことがわかりました。今後，本章で扱ったような意味的に類似した英語定型表現が混交などの現象によりこれまでとは異なる英語定型表現を確立することがあると考えられます。そのような場合，これまでとは異なる英語定型表現はこれまでのものをもとに成立しながらも，独自の意味を確立させています。この点を理解および応用することができれば，ますます英語定型表現研究は発展すると考えます。

6. おわりに

本章は，群前置詞 according to と in accordance with の違いの見直しから始めて，その二つの群前置詞の混交によりできた in accordance to の実態を明らかにしました。本章からわかることは，これまでの先行研究で言われていることを実証的に調べると違いがあり，その違いがこれまでとは異なる現象を反映しているということです。このような研究手法により，先達たちの研究に新しい知見を加えることができ，研究の発展に貢献できると考えます。

第6章　見過ごされてきた複合前置詞
—until before と until by を中心に

1.　はじめに

　Inoue (2013a, 2014c)，井上 (2013b) は，馴染みのある前置詞が他の前置詞と結合した in to, on against, in and of, in and out を扱い，in to, on against, in and of は複合前置詞，in and out は複合不変化詞（語の形が変わらないことです）として機能することを述べ，in to, on against は be in to, be on against のパタンで英語定型表現化していることを述べました。Inoue (2011) は，in, on 以外に until が他の語と共に使用され，until to, up until to となり複合前置詞として機能していることを明らかにしました。しかし，Inoue (2011) は until とともに使用される前置詞にはどのようなものがあるのかという説明をしていません。

　そこで本章は，英語定型表現と考えらえる until before, until by に焦点を当て，それらの実態をコーパス[1]から得られたデータ

---

[1]　各コーパス (COCA, BNC, WB, COHA) のアクセス日は，次の通りで

131

から明らかにします。また，Inoue（2011）で扱った（up）until to，本章で明らかにする until by，until before 以外に until と一緒に用いられる前置詞の特徴も述べます。そして，第1章で提示した英語定型表現になるための判断基準を活用して until before，until by を中心とした［until＋前置詞］が英語定型表現として確立しているかどうかを述べます。

本章の構成は，次の通りです。2節は，until before，until by を構成しているそれぞれの単語の説明，［前置詞＋［前置詞句］］の説明，Inoue（2011）で述べた新しい複合前置詞である（up）until to の説明をします。3節は until before，until by の実態，4節は until before，until by が英語定型表現化しているかどうかの調査，5節は until とともに用いられる前置詞の種類，6節は本章の応用の可能性，7節はまとめとなっています。

2. これまでの記述

これまでの先行研究は，（1）に示すように until after の存在は認めていますが，本章で扱う until before と until by についての記述は筆者が調べた限り存在しません。しかし，（1）の記述は複合前置詞 until after の記述ではなく，［前置詞 until］＋［接続詞 after S＋V］の記述です。また，COCA では until after は 3768 例観察されました。この 3768 例のうち FIND SAMPLE（無作為に用例を選ぶ機能）で 1000 例を調査した結果，複合前置詞の until

---

す。COCA は 2017 年 11 月 30 日，同年 12 月 12 日，同年同月 17 日です。BNC，WB，COHA は，2017 年 12 月 25 日です。

after＋名詞（句）は 554 例観察されました。その用例のうちわかりやすい例を（2）に示します（イタリックは筆者によるものです。以下同じ）。

(1) a. The preposition *until* may introduce *after*-clauses: Don't leave until *after I've spoken to you.*

(Quirk et al.（1985: 1086））

（前置詞 until は after 節を導入する場合がある：あなたに話し終わるまで去らないでください）

b. until after の存在は認めるが，after は取った方が良い。until after の本来の構文は，until＋after S＋V である。たとえば，I read in my room until after midnight. は until after it was midnight. とも表現可能である。after は，節を目的語とする前置詞（全体は「前置詞＋前置詞の率いる語群」の構造）と考えるのもひとつの見方である。（石橋（編）（1966: 1022f.））

(2) a. Once diagnosed, she put off treatment *until after* her summer vacation. (COCA, 2015, NEWS)

（一旦診断された後，彼女は夏休みの後まで治療を延期した）

b. I had planned not to make a statement *until after* our divorce trial, which was originally scheduled for November 12th. (COCA, 2014, MAG)

（私は，当初 11 月 12 日に予定されていた離婚調停の後まで発言をしないつもりでいた）

（2）の until after は，各文にある動詞の行為（（2a）は put off，（2b）は make a statement）を until after 以降に名詞句で明示さ

れている時や出来事以降に行うことを表しています。意味は，「〜の後まで」が適切かと考えます。この例から，until after は複合前置詞として機能していることがわかります（複合前置詞についての説明は，第1章を参照してください）。

2.1. *OED²*

OED² では，until by は11例観察されました。最初の例は1643年に使用され，以後，1759年，1835年，1839年，1844年，1845年，1861年，1969年，1971年（2例）で使用され，残り一つは説明文のため年代判別不能です。(3) は *OED²* で観察された until by の例ですが，(3a) は最初の例，(3b) は説明文の例，(3c) は最後の例です（訳は省略）。

(3) a. 1643 Milton *Divorce* (1851) Introd. 4 Custom..,
   until by secret inclination she accorporat herself
   with error.

   b. In ME. these forms were gradually eliminated or
   reduced, *until by* 1200 in some dialects, ...

   c. 1971 *Ink* 12 June 14/1 Bernie's salesmen kept
   bringing in the lolly .. *until by* 1970 they had $2.4
   billion in their management kitty.

(3) の until by は後続に名詞（句）を従え，until と by が持つ特定の時間や日までの期限を意味する「〜まで」を意味的に類似した単語の二重使用でその意味を念押しし，複合前置詞として機能していると考えられます。

(4) は，1例のみ観察された until before の例です。

(4) The former player said he would not know *until before* the game what the final betting 'spread' — the difference in the point score — would be.

（かつての選手は，最後の賭けの「広がり」，つまり得点における差，がどのようなものであったか試合が始まるまで知らなかったと言った）

(4) の until before も until by と同様に，名詞を従え until の「特定の時間や日までの期限」と before が持つ「以前に」という意味的に類似した単語が結合してでき，「〜以前までに」という意味が適当と考えます。このように，*OED*[2] では until before, until by が観察されましたが，限られた用例数により両者の実態は不明です。

2.2. before

これまでの先行研究における before の説明は，位置的に「〜の前に」，時間的に「〜以前の」という意味がされています。代表的な記述の一部を (5) に挙げます（用例の訳は省略）。『ユース』にあるように，All subscriptions must be paid *before* March 25th. （予約購読料はすべて 3 月 25 日以前にお支払いください）の場合，3 月 25 日は含まれません。

(5) *before* (preposition) and *in front of*

　　　before: time （before: 時）

　　　in front of: place （in front of: 場所）

　　　Compare:

　　　　*I must move my car **before nine o'clock**.*

> *It's parked **in front of the situation**.* (NOT … ~~before the situation.~~)

Before is normally used to refer to time. However, it can refer to place: (Before は通常時を表すために用いられるが，場所を表すこともある)

a. to talk about order in queues, lists, documents, etc. （列，リスト，文書での順番について）

> *Do you mind? I was **before / in front of you**!*
> *Her name comes **before mine** in the alphabet.*
> *We use 'a' **before a consonant** and 'an' **before a vowel**.*

b. to mean 'in the presence of (somebody important)' （誰か重要な人の存在を意味します）

> *I came up **before the magistrates** for dangerous driving last week.*

c. in the expressions *right before one's eyes, before one's very eyes.* (right before one's eyes, before one's very eyes の表現で)　　　　　(Swan (2016))

2.3. by

until by の by は，(6), (7) に示す期間の限界を表す「～まで」の意味です ((7) の用例の訳は省略)。

(6)　3 **before or until**　**3a**. not later than a particular time or date: *The meeting should have finished by 4.30.*
◆ *Application forms must be received by 31st March.*

3b. during the period until a particular time or date: *By mid afternoon over 5,000 people had visited the exhibition.* ◆ **by the time** (**that**) (*MED*²)

(3a. 特定の時刻もしくは日にちまで：会議は4時半までに終わるべきだった。◆ 応募票は3月31日までに届くようにしなければいけない。3b. 特定の時もしくは日までの期間：午後半ばまでに5000人以上の人々がその展示会に訪れた。◆ by the time (that))

(7) *by*: time

1 not later than

By can mean 'not later than'. (By は「～までに」を意味することがあります)

I'll be home by five o'clock. (= at or before five)

'*Can I borrow your car?*' '*Yes, but I must have it back by tonight.*' (= tonight or before)

By can also suggest the idea of 'progress up to a particular time'. (By は特別な時間まで進行するという考えをも示します)

By the end of the meal, everybody was drunk.

Before a verb, we use *by the time* (*that*). (動詞の前では，by the time (that) を使用します)

I'll be in bed by the time you get home.

By the time that the guards realised what was happening, the gang were already inside the bank.

2 other meanings

By can also be used to talk about time in the rather

literary expressions *by day* and *by night* (= during the
day / night). (By は，より文語的な表現である by day, by
night で時を表すために使用されることもあります)

*He worked **by night** and slept **by day***.

Note also *day by day*, *hour by hour* etc.

*The situation is getting more serious **day by day***. (=
… each day)

And one can pay *by the hour*, *by the day* etc.

*In this job we're paid **by the hour***.

*You can rent a bicycle **by the day** or **by the week***.

(Swan (2016))

『ユース』は，「I usually finish work *by* [before] six o'clock. 私
はたいてい6時までには仕事を終える（▶ before では漠然と「6
時前に」，*by* では6時ぎりぎりまでかかることを暗示）」と述べ
by と before の違いを説明しています。

(8) は，by についての Quirk et al. (1985) の記述です（訳は
省略）。

(8)   *By* refers to the time at which the result of an event is
in existence:

Your papers are to be handed in *by next week*. ['not
later than']

She should be back *by now* (but I'm not sure).

By specifies an end point. *Already*, *still*, *yet*, and *any
more* are related in meaning:

By the time we'd walked five miles, he was already

第6章 見過ごされてきた複合前置詞 139

exhausted.

Contrast:

By that time he was already exhausted. ['He was then exhausted.']

Until then he was not exhausted. ['Before then he was not exhausted.']

Thus *by*-phrases do not occur with durative verbs:

The troops remained there $\left\{ \begin{matrix} until \\ *by \end{matrix} \right\}$ midnight.

(Quirk et al. (1985: 692))

(8) に示した Quirk et al. (1985) によると，by はある出来事の結果が存在している時を言及し，終点を特定します。already, still, yet, any more も意味的に関連しています。by で導かれる句は，継続動詞とは共起しません。

2.4. until

until は，(9) に示すように動作・状態の継続を表し「～まで（ずっと）」を意味します。(10) は Swan (2016) の記述です（用例の訳は省略）。until と till の詳細な違い，up until については Inoue (2011) を参照してください。

(9) happening or done up to a particular point in time, and then stopping: *Baker is expected to be here until the end of the week … .* ◆ **up until** *Up until now, everything in Katherine's life has been taken care of for her.* (MED^2)

（ある特定の時まで続いているか行われて，そののち停止する。ベーカーは今週末までここにいると思われる。up until 現在までキャサリンの生活のすべては彼女のために世話されています）

(10) a. *until* and *by*: states and actions（until と by：状態と行為）

　　　We use *until* to talk about a situation or state that will continue up to a certain moment. We use *by* to say that an action or event will happen at or before a future moment. Compare:（ある瞬間まで続くであろう状況もしくは状態について話す場合に until を使用します。行為もしくは出来事が未来の時に起こる，それ以前に起こることを言うために by を使用する）

　　　— *Can I stay **until the weekend**?*

　　　　*Yes, but you'll have to leave **by twelve on Monday** at the latest.*（= at twelve on Monday or before）

　　　— *Can you repair my watch if I leave it **until Saturday**?*

　　　　*No, but we can do it **by next Tuesday**.*（NOT … ~~until next Tuesday~~.）

　　b. *until* and *before*

　　　Not until/till can mean the same as *not before*.（Not until/till は not before と同じ意味です）

　　　*I won't be seeing Judy **until/before** Tuesday.*

　　　And both *until* and *before* can be used to say how far away a future event is.（until と before の両方とも未来の出来事がどれほど先かを言うために使用されること

もあります）

> *It'll be ages **until/before** we meet again.*
> *There's only six weeks left **until/before** Christmas.*
>
> (Swan (2016))

(10a) では，until はある時まで状況や状態が続くことを述べる際に使用され，by は未来のある時もしくはそれ以前に起こるであろう行為もしくは出来事を述べる際に使用される，と説明しています。(10b) より，until と before は同じように使用されることがわかります。

　英和辞典も，until に接続詞と前置詞の用法を認めています。英英辞典と異なるのは，until 以降の内容を継続期間に含むかどうかについての言及があることです。

(11) **until Friday**: Please wait *until* Friday.（金曜日までお待ちください）では，金曜日も待つ日に含まれる。You don't have to come to school *until* Friday.（金曜日まで学校に来なくてよい）では，金曜日に学校に登校しなければいけない。　　　　　　　　　　　　　（『ユース』）

その他，肯定の主節に続く until と否定の主節に続く until の違いをも (12) のように説明しています。

(12) a. **肯定の主節に続く until**：主節は状態動詞（think, stay, sleep など）と共にその状態の終わりの時点を言う：I thought he was honest *until* recently. 最近まで彼が正直だと思っていた．know のように状態の終わりが明確でない動詞はふつう ×She knew him

until recently. とは言わない。

b. **否定の主節に続く until**：(1) 主節は動作動詞（wake up, arrive, come など）と共に使うのが普通：She didn't arrive *until* six. 彼女は6時まで着かなかった（6時に着いた）。また，状態の始まりが明確な know のような状態動詞も可：She didn't know him *until* recently. 彼女は彼のことは最近まで知らなかった。

(2) sleep, stay などのような始まりと終わりが明確な一定期間の状態を言う動詞が否定の主節に続くと，意味があいまいになる：She didn't sleep *until* six in the morning. は，「彼女は朝6時まで寝なかった（朝6時まで起きていた）」（状態の始まりの時点を否定. この解釈の方が普通）と「彼女は朝6時まで寝ていたわけではなかった（朝6時には起きていた）」（状態の終わりの時点を否定）の2通りの解釈ができる. stay もあいまいになるが，sleep とは逆に「状態の終わりの時点の否定」の意味に解釈されるのが普通：She didn't stay *until* ten. 10時まで滞在していたわけではなかった。 (『ユース』)

次に Quirk et al. (1985) の記述を (13) に示します。継続を表す前置詞（句）として from ... to, until, up to をあげています（用例の訳は省略）。

(13) a. We camped there (*from*) *June through September*. <AmE>

['up to and including September']

b. We camped there *from June* $\left\{ \begin{array}{c} to \\ till \end{array} \right\}$ *September.*

['up to (? and including) September']

(Quirk et al. (1985: 690))

(13a) の from … through の場合，September を含みますが，
(14b) の from … to/till は，September を含むかどうかは定か
ではありません。

(14) の例は，from … through の from がなく，かつ through の
ほかに可能な前置詞をあげたものです。(15) の場合，September
は含むかどうかは語句によりあいまいです（用例の訳は省略）。

(14) We camped there $\left\{ \begin{array}{l} until \\ till \\ up\ to \\ through\ \text{<AmE>} \\ *to \end{array} \right\}$ *September.*

(ibid.)

(14) の *to は，必ずしも to のみで使用されるわけではないこ
とを表しています。それは till と同じように使用されることもあ
ります。下記の例を参照してください（用例の訳は省略）。

(15) You can *stay to/till the end of September.*

The meeting can be *postponed to/till September.*

There are only *a few days to/till September.*

I have only *a few years to/till retirement.* (ibid.)

英英辞典の記述と同じく，くだけた文体で until と till は同じ

ように使用され，up とともに用いられます。また，till と until は，work のような継続動詞とのみ共起します。一方，by は arrive のような瞬間動詞のみと共起します（e.g. *She arrived by Christmas.* (Quirk et al. (1985: 691)))。この場合，by は終点を表します。

肯定の文脈では，till と until が継続動詞のみと共起すると述べましたが，否定の文脈では till と until は継続動詞と瞬間動詞の両方と共起可能です（She didn't arrive there *till Christmas.* (ibid.))。

しかしながら，(16) に示すように till と until の二つの意味は，肯定と否定では異なります。肯定では，till と until は終点 (up to) を表す一方で，否定ではそれらは開始点（before）を表します。(16a) は「夜中まで寝た」，つまりそのときで寝るのをやめたという意味で，(16b) は「夜中まで寝られなかった」，そのときに寝始めたという意味です。

(16) a. We slept *until midnight.* ['We stopped sleeping then.']

b. We didn't sleep *until midnight.* ['We started sleeping then.']

(ibid.)

Quirk et al. (1985) は，until は時を表す接続詞としても働くと述べています。(17) に示すように，接続詞の until は (17a) 一時的な名詞句，(17b) 主語のない -ing 句，(17c) 動詞由来名詞を伴った名詞句もしくは節と同等と解釈される名詞句のどれかを従える，と説明しています。

第6章　見過ごされてきた複合前置詞　　145

(17) a. a temporal noun phrase (*after next week*);

b. a subjectless–ing clause (*since leaving school*); or

c. a noun phrase with a deverbal noun or some other noun phrase interpreted as equivalent to a clause:

before the war ['before the war started or took place']

till/until the fall of Rome ['until Rome fell']

since electricity ['since electricity was invented']

(ibid.)

2.5. ［前置詞−［前置詞句］］のパタン

安井（編）（1996: 346ff.）は，A rabbit emerged *from under the table*.（うさぎが机の下からあらわれた）の例を用いて「二重前置詞」（本章では複合前置詞と呼ぶものに相当します）が生じるのはどのような場合か述べています。この用例の場合，前置詞句 under the table が前置詞 from の補部として生起していると考え，この内部構造を［前置詞−［前置詞句］］（以後 [P-[PP]]）と捉えています。そして，[P-[PP]] の P に用いられる前置詞は，from, until, since などのある一定の範囲の前置詞に限られると説明しています。until, since の用例は下記の通りです。

(18) a. The film lasted *until after* 11 o'clock.

b. Jack has been in the army *since before* 1960.

（安井（編）（1996: 346））

((a) 映画は 11 時過ぎまで続いた。(b) ジャックは 1960 年以前からずっと軍隊にいた)

安井（編）（1996）は，from に後続する前置詞に次のようなものがあると述べています。from＋across, above, around, behind, beyond, beneath, by, in front of, inside, on, out of, outside, over, past, near, under（詳細は，安井（編）（1996: 347）を参照）。

安井（編）（ibid.）は，「空間上の位置関係を表す前置詞句であればどのようなものでも from のあとに生起しうるということができる。」と述べています。しかし，The vase fell *from on* the shelf.（花瓶が棚の上から落ちた）のような場合，「空間上のある点を表す前置詞句が from のあとに生起している場合には，話者によっては，文法性が低いと判断する者もある。」と説明しています。この理由は，「「棚の上から」というように「棚の上」を空間上のある一点として捉え，そこからの移動について述べる場合には，The vase fell *from* the shelf.（花瓶が棚から落ちた）のような，より単純な表現を用いても，「棚の上から」という解釈が，動詞の意味と前置詞句から合成的に得られるからである。」（ibid.）と述べています。このような 2 番目の前置詞を取り除くことは，A rabbit emerged *from under the table.*（うさぎが机の下からあらわれた）には適応できません。それは，from の後の前置詞句 under the table がある空間の広がりを表しており，under を取り除いた場合，「机の下から」という解釈が得られないからです。さらに，安井（編）（1996: 348）は「英語には，「〜の中から」とか「〜の外から」といった意味を持つ単一の前置詞が存在しないため，場所を表す前置詞句 under the table に，起点であることを明示的に示す前置詞 from が重なった from under the table のような前置詞句が存在すると考えられる」と述べています。

安井（編）(1996) から，until が until after のように複合前置詞となることがわかります。しかし，until のあとにどのような前置詞が来て，その前置詞に何からの制限があるのかどうか不明です。本章は，この点について考察します。

安藤 (2005: 36) は，前置詞の目的語に前置詞句を認め，以下の例をあげています。

(19) a. The cat came out *from* **behind the screen**.
（ネコは衝立の後ろから出てきた）

　　 b. He took a box *from* **under the counter**.
（彼はカウンターの下から箱を取り出した）

　　 c. The children played *until* **after dark**.
（子供らは暗くなってしまうまで遊んでいた）

2.6. (up) until to (Inoue (2011))

Inoue (2011: 160ff.) は，(20) に示すように，英語定型表現 (up) until to は (up) until to 以降に last, end などの何らかの物事の最後を表す語が来るという特徴があることを述べました。そして，(up) until to が使用されている文脈の動詞の観察より，(up) until to 以降に続く出来事・事柄・時までずっと動詞の行為・状態が続くという継続の念押しとして機能することを明らかにしました。

(20) a. This means that average household size in Great Britain fell from about 3.21 to about 2.56 persons over this period and this decline is expected to continue at least *until to* the end of the century.

(BNC, 1990, WR; Inoue (2011: 162))

(このことは，この期間中にイギリスの平均世帯サイズが約 3.21 人から約 2.56 人に落ちたことと，この減少は少なくとも今世紀の終わりまでずっと続くと予期されることをも意味している)

b. Win Tickets Every Day in June promotion is open from 00:00 on 01.05.06 and will run *until to* 23:59 on 30.06.06.

(BNC, 使用年，使用域不明；Inoue (2011: 163))

(6 月の販売促進では「毎日チケット獲得」が 2006 年 5 月 1 日の午前 0 時から利用でき，2006 年 6 月 30 日の 23 時 59 分までずっと利用できるようになっています)

c. Muzik's year on year circulation decreased 11% to 36,089 copies in the six months *up until to* December 2002. (BNC, 使用年，使用域不明；ibid.)

(対前年比で，Muzik の売上部数は，2002 年の 12 月までずっと 6 ヶ月間で 11％ダウンの 36,089 枚となった)

　そして，(up) until to の成立は，(14) で示した単語の混交により成立したと述べました。(14) は，until と同じように使用される継続を表す語句です。(14) の語句を観察すると，それらのうち until to の成り立ちに影響を与えた語句は，to であることがわかります。つまり，語彙レベルの混交により until to ができたと考えます。

　until to は，意味的に類似している前置詞 to が until と混交を起こすことによりできました。そして，from A until to B の場

合は，until to が確立した後，from A to B の to と until to が混交を起こし成立したと考えます。

次に，up until to は，up to と until to の混交によりできた英語定型表現です。最初に，to と until の混交により until to ができます。そして up to は，until to までの継続期間をさらに明確にするために，until to と混交し，up until to になったと考えます。until to 同様，up until to 以降に続く名詞語句を継続期間に含みます。until to, up until to とも複合前置詞として機能します。上記で説明した英語定型表現の成り立ちを図式化したものが (21) です。

(21) until to, up until to, from A until to B の成立

2.7. リサーチ・クエスチョン

これまでの先行研究の記述より，本章で明らかにすることを述べたものが (22) です。

(22) a. until before, until by の実態（量的・質的側面，意味，成り立ち，ストレスパタン）
   b. until before, until by は複合前置詞および英語定型表現なのか

c. until に後続する前置詞の特徴

3. until before と until by

3.1. 量的調査

コーパスを使用して調べた until before, until by の数は表6.1
に示す通りです。表6.1に示す数は, [until][by chance], [until]
[before S + V], [until] [by and by], [until] [by means of],
[until] [by degrees], [until] [by dint of], [until] [by the
chance] のような [until] + [英語定型表現] から構成されている
例は含まれていません。表6.2は, COHA で観察された10年毎
の until before, until by の使用頻度です。

表6.1 until before, until by の数

	until before	until by
COCA	9	46
BNC	0	29
WB	1	5
合計	10	80

表6.2 COHA で観察された until before, until by の数

	until before	until by		until before	until by
1820	0	2	1920	1	8
1830	0	6	1930	1	13
1840	0	11	1940	0	10
1850	0	7	1950	3	10
1860	0	5	1960	0	9

1870	0	10	1970	0	11
1880	0	8	1980	1	9
1890	1	6	1990	0	4
1900	1	11	2000	1	3
1910	2	15			

表 6.1, 6.2 から, until before は 1890 年頃から使用され始めましたが, 現在になってもその使用頻度は低いことがわかります。それに対して, until by は 1820 年頃から使用され始め, 現在に至ります。表 6.1, 6.2 で示した until before, until by は, 話し言葉と書き言葉, イギリス英語とアメリカ英語両方で観察されるので, 偶然の結果により成立したものでないことがわかります。

3.2. 質的調査

本節は, 前節で得られたコーパスの結果を基に until before, until by の意味, 成り立ち, 使用される時制と相, 一緒に用いられる動詞などを述べます。

3.2.1. until before

until before の例を (23) に示します。そのうち (23c) は, 1 例のみ観察された up until before の例です。

(23) a. ... the governor laid bare a "pay for play" culture that, according to prosecutors, began shortly after he took office in 2002 and continued *until before* sunrise yesterday, ... (COCA, 2008, NEWS)

(... 検察官によると, 知事は 2002 年に就任した直後から始

まり昨日の日の出まで続いた「1回遊んでいくら」文化を暴露した)

b. I waited *until before* dinner to tell Charlie what Hutch had said. We were alone in the cabin, and I knocked on the door of Charlie's room.

(COCA, 1991, FIC)

(私は，ハッチが言ったことをチャーリーに言うために夕食前まで待ちました。キャビンでは私たちだけで，私はチャーリーの部屋のドアをノックしました)

c. There will be viewing of the remains for approximately 24 hours after it arrives here this afternoon and *up until before* the funeral tomorrow afternoon.

(COCA, 1994, SP)

(その遺体が午後ここに到着してから約24時間中，明日の午後の葬儀以前までに死者と弔問客の対面がある)

(23) の (up) until before は，〔(up) until before＋時を表す名詞(句)〕という統語形式をとり，(up) until before が使用される文中にある動詞の内容が，(up) until before 以降に続く時を表す名詞(句)以前に行われます。その時を表す名詞(句)は終点を示すわけではないので，動詞の内容は期限が迫ったものというわけではなく，かつ名詞(句)は期限に含まれません。until before の意味は，「～以前までに」が適当かと考えます。つまり，until before は時を表す語句を従え，意味的に類似した until と before が一緒になって使用され，それらの意味が合わさった念押しとして使用されていると考えます。

(up) until before は，未来形以外の時制と相で使用され，際立って使用される時制や相はありませんでした。(up) until before が使用される文脈で観察される特徴的な動詞は，wait, continue のような継続動詞です。until before の成り立ちは，(up) until to と同じように，意味的に似た単語が混交により一つになったと考えます。それだけでなく，until after の影響により after の反意語である before も until と用いられるようになったと考えます。そうして，until before として複合前置詞の機能を獲得したと考えます。これらの考えをまとめた until before の成り立ちを (24) に示します。

(24)

until before を含んだ英文を英語母語話者 5 名（アメリカ人 2 名，イギリス人 1 名，カナダ人 1 名，オーストラリア人 1 名）に読んでもらいました。(up) until before のストレスパタンは，1 名のインフォーマント (until before を before と発音) を除いた 4 名の英語母語話者が until béfore と発音し，up until before の場合は，全員が up until béfore と発音しました。この結果から，(up) until before はすべて機能語から成り立ちますが，一定のストレスパタン (up) until béfore を持つことがわかります。

3.2.2. until by

コーパスから得られた until by の用例を (25) に示します。

(25) a. Over the next few months, what started as one case in a border town grew exponentially *until by* June 30th there were 90 reported cases.

(COCA, 2015, ACAD)

(それぞれ以後の数ヶ月間，国境近くの町で症例として始まったことは，90件の報告があった6月30日までに飛躍的に増えました)

b. "The dream kept coming back, you see. First every week or so, and then more and more often, *until by* the end of September, he wasn't getting any rest when he slept. ... ." (COCA, 2009, FIC)

(「夢が繰り返し戻ってくるのです。最初は毎週で，それからかなりの頻度で，9月末までに，彼は眠った時十分な休息を得ることができませんでした」)

c. Percentages married rapidly increase, however, *until by* age twenty, 60 per cent of women have entered a first marriage. (COCA, 1993, ACAD)

(既婚者の割合は急激に増えますが，60歳になるまでに60%の女性は最初の結婚をしています)

d. '... . But slowly she took more *until by* the age of 8 months I was only giving her breastfeeds in the evenings.' (WB, 1993, WR)

(「...しかし，母乳を夜にしか与えなかった8ヶ月までには

もっとたくさんフォーミュラを飲むようになった」)

上記の用例より，until by は [until by + 終点を表す名詞 (句)] で使用されることがわかります。また，until by に続く名詞(句)の特徴と until, by が持つ期間の限界を表す意味が合わさった結果，期限ぎりぎりの念押しの機能を持ち，「～までに」という意味が適当と考えます。until by に続く名詞 (句) は期限に含まれませんが，until by は期限までに文中に使用されている動詞の内容が必ず行われることを示します。その動詞が際立って使用される時制や相は観察されませんでした。また，その動詞の特徴は grow, decline, increase のように達成動詞 (accomplishment)[2] が使用される傾向にあります。until by の成り立ちは，① (up) until to と同じように，意味的に似た単語の混交，② [until] [by the time/by now/by and by, etc.] の until + by-phrase から [until by] の独立した使用，というように二つの成り立ちが合わさってできたと考えます。この成り立ちを示したものが (26) です。

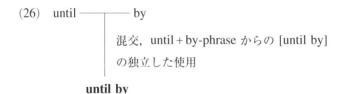

(26)　until ────── by
　　　　　　混交，until + by-phrase からの [until by]
　　　　　　の独立した使用

until by

until before と同じく，until by を含んだ英文を英語母語話者

---

[2] この用語は，Vendler (1967) で使用されている達成 (accomplishment)，活動 (activity)，到達 (achievement)，状態 (state) と同じ解釈で使用しています。

156

5名（アメリカ人2名，イギリス人1名，カナダ人1名，オーストラリア人1名）に読んでもらいました。その結果，多くの英語母語話者が until bý と発音しました。ある英語母語話者は，until もしくは by を省略して発音しました。しかし，until を省略して by のみを発音した英語母語話者が2名いることから，until と by では by に意味的な重きを置いていることがわかります。この結果から，until by は一定のストレスパタンを持つことがわかります。

3.3. until before と until by の違い

本節は，前節で明らかになった until before と until by の相違をまとめます。表 6.3 を参照してください。

表 6.3 until before と until by の特徴

	until before	until by
意味	～以前までに	～までに
機能	複合前置詞	複合前置詞
後続する名詞（句）	時を表す	終点を表す
共起する動詞	継続動詞	達成動詞
成立要因	①混交 ②until after 　の影響	①混交 ②until + by-phrase から 　[until by] の独立した使用
ストレスパタン	until béfore	until bý

表 6.3 は，リサーチ・クエスチョン (22a) の答えとなります。

4. until before と until by は英語定型表現なのか？

　これまでの説明で，until before と until by は名詞（句）を従えることから複合前置詞として機能することがわかりました。本節は，until before，until by が英語定型表現かどうか述べます。

　表 6.3 から until before，until by は語形成規則の混交をもとに成立しています。そして，コーパスで高頻度というわけではないけれどレジスターに関係のない固定化された使用が観察されます。その固定化された使用により，独自の意味や機能を獲得しています。また，第 1 章で述べた英語定型表現のストレスパターンルールも守っています。このことから，until before，until by は複合前置詞の働きを持つ英語定型表現であることがわかります。また，表 6.3 からリサーチ・クエスチョンの (22b) が明らかになります。

　until before，until by が英語定型表現として確立している背景には，言語経済の法則の冗漫が働いていると考えます。

5. until の後にくる前置詞の種類

　本節は，リサーチ・クエスチョンの (22c) である until と共に使われる前置詞の特徴を明らかにします。COCA，BNC，WB を用いて until の後にくる前置詞とその頻度を表したものが表 6.4 です。[until] [for the moment] のような [until] + [前置詞句の英語定型表現] の構成となっている for のような前置詞は表 6.4 には含まれていません。表 6.4 の中には，これまでの先行研究，Inoue (2011)，本章で扱っている前置詞 (after, to, by,

158

before）も含まれています。（27）は，表 6.4 で提示した頻度が
10 回以上の until + 前置詞の例です。

表 6.4　COCA, BNC, WB で観察された until に後続する前置詞

＋前置詞	頻度	＋前置詞	頻度
after	2298	from	10
about	415	half-past	10
in	189	out of	9
at	127	during	8
near	88	before	6
by	82	beyond	6
around	77	inside	4
like	37	over	4
on	36	through	4
with	26	into	2
toward(s)	25	upon	2
past	20	up to	2
between	16	down	1
to	15	till	1
within	13	under	1
of	11		

(27) a. They're getting a new one, but it won't be here *until after* Christmas. (one, it は popcorn machine を指す) 　　　　　　　　　　　　　　(COCA, 2017, FIC)

（彼らは新しいポップコーンマシンを手にいるだろうけれど，それはクリスマスを過ぎるまではここにはないだろう）

b. I don't know the word sexual harassment. I don't

think I knew it *until about* 25 years ago.

(COCA, 2017, SP)

（私はセクシャルハラスメントという語を知らない。それを約 25 年前まで知っていたとは思わない）

c. The Marquesa Fanny lived on productively *until in* February 1882 aged 77, having dined clad in a fashionable dcolletage, she caught a cold and died.

(COCA, 2012, MAG)

（あのマルキーザ・ファニーは，お洒落な深い襟ぐりの服を纏って食事をしながら 1882 年 2 月 77 歳まで生産的に生きた。彼女は，風邪を引いて，亡くなった）

d. His company accumulated more and more acres of forestland *until at* his death in 1914 it owned more than two million acres across Wisconsin, Minnesota, and the Pacific Northwest.   (COCA, 1998, MAG)

（彼の会社は 1914 年の彼の死まで森林地を何エーカーも増やしていき，その会社はウィスコンシン，ミネソタ，太平洋岸北西を超えて 200 万エーカー以上を所有した）

e. Tull didn't arrive back with Hortense *until near* noon of the next day.   (COCA, 2016, FIC)

（トゥルは，次の日のお昼近くまでホーテンスと一緒に帰ってこなかった）

f. The price rose steadily over the next four months, *until by* April 1, the eve of the Forestry Conference, it sat at $500 — a new record.   (COCA, 1997, MAG)

（価格は，森林学会の前日である 4 月 1 日まで 4 ヶ月に亘っ

て徐々に上昇し，新記録である 500 ドルで落ち着いた）

g. Jester wanted to play basketball in college *until around* his junior year, when the football recruiting attention became impossible to ignore.

(COCA, 2014, NEWS)

（ジェスターは，フットボールのリクルートの注目が無視できなくなるおおよそ大学 3 年生まで大学でバスケットボールをしたかった）

h. "I just remember going for first chair at 9 a.m., and we'd ride all day and eat supper and then ride all night *until like* 9 p.m.," says brother Craig McMorris, who will be part of the CBC's Olympic broadcast.　　　　　　　　(COCA, 2014, NEWS)

（「午前 9 時に最初の司会に行ったことをちょうどおもいだしました。そして，私たちは一日中続けて，夕食をとり，それから多分午前 9 時まで徹夜で続けました」と CBS のオリンピック放送に携わっているクレイグ・マクモリスは言いました）

i. Federal agents launched an 18-month surveillance of Weaver's property, *until on* August 21, 1992, … .

(COCA, 1995, MAG)

（連邦捜査員は，1992 年 8 月 21 日までウィーバーの所有物の 18 ヶ月の監視を始めました）

j. Only the by-now-famous Sister Robinson, who made soup every Sunday at the ward for the hungry and homeless, only Sister R. kept calling, e-mailing, praying, *until with* the help of the bishop and some ex-pats who'd known Kitty for years, she came around. (COCA, 2017, FIC)

（今や有名となった修道女ロビンソンだけ，彼女は飢えている人やホームレスがいる地区で毎週日曜日にスープを作った。修道女ロビンソンだけが，司教やキティを何年間も知っていた何人かの国外居住者の助けがあるまで，電話，メールでの連絡，祈りをし続け，彼女はふらっと訪れた）

k. She worked *until past* nine that night, leaving for home when lightning from a sudden thunderstorm flickered the lamp at her desk. (COCA, 1995, FIC)

（彼女は，あの夜9時過ぎまで働いた。突然の激しい雷雨による落雷が彼女の机のランプを揺らめかせた時家路についた）

l. The figures for productivity are probably somewhat optimistic since alternative estimates indicate no acceleration *until towards* the end of the period.

(BNC, 1998, WR)

（生産性を示す数字は多分楽観的なものだろう。別の推定値は期間の終わりころまで加速はしないことを示唆しているので）

m. To receive full retirement benefits, you must wait *until between* ages 65 and 67, depending on when you were born. (COCA, 2008, MAG)

（満額の退職手当を受け取るために，あなたが生まれた場所によるが，65歳から67歳の間まで待たなければいけない）

n. All the results provided below are taken from the

beginning of the program in July 2011 *until to* December 2013.   (COCA, 2015, ACAD)

（下記に与えられた全ての結果は，2011 年 7 月のプログラム初期から 2013 年 12 月までのものである）

o. But humans did not evolve to be capable of constructing multipart mechanisms *until within* the last 50,000 years or so.   (COCA, 2009, ACAD)

（しかし，過去 5 万年もしくはそれくらいの間までに人類は多面的なメカニズムを構築する能力を発展させなかった）

p. Of course, the vice president and President Clinton did not begin any debates *until of* October of 1996.

(COCA, 2000, SP)

（もちろん，副大統領とクリントン大統領はいかなる議論も 1996 年 10 月まで始めなかった）

q. We sat in silence for a moment or two, *until from* the other table a harsh, cruel laughter broke the early-evening calm.   (COCA, 2017, FIC)

（私たちは，他のテーブルから辛辣で無情な笑いが夕方の穏やかさを破るまで一瞬静かに座っていました）

r. "I was very late. My car — it's a van, actually — is old and not very reliable. I had a breakdown and didn't get back *until half-past* two or later. … ."

(BNC, 1987, WR)

（「私は遅れました。というのも私の車はバンなのですが，古くて頼りがないんです。その車が故障して，2 時半もしくはそれ以降まで戻りませんでした。…」）

第6章　見過ごされてきた複合前置詞　　163

(27) の［until＋前置詞］の観察から，その前置詞には日付，年齢，時間などの時を表すものが主に用いられることがわかります。その時を表す意味と until の時間の期限を表す意味が一緒になって使用されていると考えます。しかし，(27j) の until with，(27q) の until from，頻度が 10 回以下の until out of，until beyond，until inside，until through，until down，until under の until と共に用いられる前置詞は，時を表すものではありません。これら［until＋前置詞］に続く語句を観察すると，until with the help，until from the other table，until out of my sight，until beyond the election，until inside the rooms，until through the campus，until down the road，until under thighs のように様態や場所を表す語句が来ています。このことから，［until＋前置詞］は，①時を表す前置詞と②様態や場所を表す前置詞が用いられることがわかります。主に用いられるのは，①です。

6.　本章の活用方法

　本章で明らかにした until と共に用いられる置詞の性質に特徴があることは，辞書に詳細な説明がないままで記述されている複合前置詞を明確に説明，記述することに応用できます。また，until before，until by が英語定型表現として確立していることを客観的に提示することができた点において，英語定型表現の内面的特徴は次々と産出される語連結が英語定型表現かどうかの判断をする際に有効活用できます。

7. おわりに

　本章は，until before, until by が複合前置詞として機能する英語定型表現であることを述べました。そして，until と一緒に使用される前置詞の性質をも明らかにしました。今後は，until 以外に ［前置詞＋前置詞＋名詞（句）］からなる複合前置詞として働く英語定型表現の場合，どのような前置詞同士が共に用いられるのか調べ，その特徴を見いだしていきます。

第7章　英語定型表現成立の形成規則の検証

1.　はじめに

　本章は，第1章で提示した英語定型表現の形成規則（第1章の(6), (7), (8), (9)）が，本書で扱った英語定型表現に適応可能かどうか検証します。そして，英語定型表現の教育への応用を述べます。

　本章で上記のことを行う背景は，以下の通りです。

　第1章でも述べましたが，これまでの英語定型表現研究は個別の英語定型表現の実態を明らかにする研究から始まったため，何が英語定型表現なのか，それをどこまで，どのように辞書に記述するのか，実態が明らかになった英語定型表現をどのように教育に活用するのか，などの研究領域および教育への還元方法として明らかになっていないことがあります。それだけでなく，英語定型表現研究のすべてに適応する統一した考えがありませんでした。このような背景のもと，筆者は本書を含めたこれまでの英語定型表現の実態から第1章で英語定型表現研究全体に適応でき

165

166

る説明を与えました。

　本章の構成は，次の通りです。2節で，本書で扱った英語定型表現が，第1章で提示した英語定型表現の形成規則に基づいているかどうか検証し，その形成規則を成立させる存在として言語経済の法則が働いていることを述べます。3節は，英語定型表現の教育への応用を述べ，4節はまとめとなります。

2.　本書で扱った英語定型表現の特徴

　本書で扱った英語定型表現の特徴をまとめたものが表7.1です。成り立ち，ストレスの詳細は，各章を参照してください。

表7.1　本書で扱った英語定型表現の特徴

章	英語定型表現	形成プロセス	ストレス
2	take care for, take care about, care of	混交，融合，省略	take cáre for, take cáre about, cáre of
3	make angry / mad	類推	máke ángry / mád
4	in spite of＋節	類推，省略	in spíte of
5	in accordance to	混交	in accórdance to
6	until before / by	混交	until béfore / bý

　表7.1で記載した英語定型表現の形成プロセスは，語形成の方法（混交，省略）と意味論的方法（類推，融合）を用いて形成されています。つまり，第1章の（6）のタイプ（a）とタイプ（c）を活用しているということです。そして，このような形成プロセスを経て成り立った英語定型表現は，句の語彙化の働きにより頻度は高くないものもあるけれど，繰り返しの使用により独自の意

味と機能を持つようになります。そして，独自の英語定型表現として成立します。これは，第1章の (7) の説明に該当します。

次に，本書で扱った英語定型表現は，頻度が低いものもありますが，第1章の (8b, c, d) で述べた dispersion（分散），fixedness（固定性），consistency of existing words（既存の語使用の一貫性）により成立していることがわかります。今後は，本書で扱った英語定型表現の認知度が高くなれば，頻度も高くなると考えます。

そして表 7.1 で示したストレスですが，本書で扱った英語定型表現は一定のストレスパタンを持ちます。このことから，第1章の (9) で述べた英語定型表現のストレスパタンは，本書で扱った英語定型表現の場合にも適応できることがわかります。このように，本書で扱った英語定型表現は，第1章で明らかにした形態的・意味論的・音声的な形成規則を遵守していることがわかります。

表 7.1 の英語定型表現の形成プロセスが，どのような作用の働きにより成り立っているのか述べます。until before / by 以外は全て，言語経済の法則の労力節減によります。until before / by は，本来ならば until だけ，もしくは before / by だけでよいものを念押しとして意味的に類似している単語をくっつけたということで冗漫の働きにより成立しています。それ以外の英語定型表現の形成プロセスは，これまでの説明を越えて，意味的に類似した英語定型表現を変形させるという労力節減により成り立っています。このように，本書で扱った英語定型表現は言語経済の法則のどちらかが根底に働いていることがわかります。

3. 英語教育への一提案

　筆者は，これまで「研究を教育に還元する」という考えのもと教育に携わってきました。本書を含めて，筆者の論文や著書等で明らかにした英語定型表現をそのまま英語学習者に教えた場合，効果的かつ飛躍的にその英語学習者の英語能力は向上するでしょうか。そうではありません。物事に順序があるように，英語定型表現を学ぶ際にも順序があると考えます。

　では，何から学び始めたらよいかと言うと，日常生活での行為や自己の意見を表す短めのコロケーションおよび句動詞から学び始めることが効果的と考えます。両方とも頻繁に使用されますが，構成語数はそれほど多くありませんので覚えるのが容易です。また，英語コロケーション辞典，英語句動詞辞典が出版されており，それらを容易に手に取ることができ勉強がしやすいという点もあります。このように，難易度の低いコロケーションおよび句動詞から徐々に難易度の高いものへと上げる学習をするとよいでしょう。その次に，会話などの使用場面が限られる決まり文句を学習し，コロケーションと句動詞を並行して使用すると英語らしさを伴った発信活動が可能になると考えます。この学習の後に，意味的に特殊なことわざやイディオムを学習すると，さらに英語定型表現を効果的に活用することができると考えます。最後に，英語母語話者に近づくために多義を持ち使用するのが難しい談話辞，定型句を学習するとよいでしょう。どの学習段階においても，英単語と同じく英語定型表現のどの単語にストレスが置かれるかということも併せて学習すると，さらに英語定型表現の使用による学習が効果的になると考えます。

4. おわりに

　本章は，本書で扱った英語定型表現の成立の仕方をまとめました。そして，英語定型表現をどのように学習すれば効果的かということを提案しました。

　私たちが使用する辞書は，明確な配列基準を基に語についての情報が記載されています。そのような辞書を活用すると，その語についてのさまざまな情報を的確に学ぶことができます。その配列基準のように英語定型表現研究にも基準があり，その基準を理解した上で学習すると私たちが持つと考えられている心的辞書（もしくは心内辞書）にうまく英語定型表現が整理および配列され，英語を理解・発信することに役立つと考えます。本章は，そのことを行うためにすべての準備を整えたものです。

あ と が き

　英語定型表現研究は古くからその存在は知られていましたが，何をどうする研究分野なのかという点において曖昧で，研究によりさまざまであり，英語定型表現研究全体に共通する「条件」に欠けることがありました。

　そのような英語定型表現研究を学ぶには，これまで英語，日本語にかかわらず論文や専門書を読むことでした。もちろん圧倒的に英語で書かれた論文や専門書がほとんどですが，これまでの研究者たちの研鑽のお陰で指針となる優れた研究成果があります。そのような研究成果に共通して言えることは，上記で述べた通り，研究対象や手法が多岐に渡るということです。そこで筆者は，これまでの研究を参照しながら研究対象と研究手法を明確にして個別の英語定型表現を研究してきました。そして，その研究成果を積み上げて英語定型表現研究に応用できる「条件」を井上（2018）で発表しました。しかし，その著書も専門書ですので市販性が高いとは言えません。そこで本書は，具体的な問題に触れながら英語定型表現研究を読者の皆さんにもっと身近に感じてもらい，面白い学問領域であるということを認識してもらいたく執筆しました。

　本書を読み終えた後，みなさんが英語定型表現研究というものがどういうものかを理解することにお役に立ったのであれば，嬉しい限りです。それだけでなく，私たちの言語は規則で説明できる現象はわずかで，もっと自由でイキイキとしたものである，と

171

いう点にも気づいていただけることも願っています。特に本書で扱ったような英語定型表現は、これまでの英語定型表現を応用し、意味的に誤解を与えない範囲で形成されるという最低限の秩序は守っていることがわかるかと思います。このような視点を持って言語を見直すと、興味深く、調べてみたくなる言語現象を多々発見することができます。筆者も本書を執筆しながら、思いもよらなかった英語定型表現の実態を明らかにすることができて、改めて英語定型表現研究の面白さや奥深さを感じることができました。そして、今後も英語定型表現研究の発展に微力ではあるけれど貢献したいと強く感じました。

　本書が、英語定型表現研究という学問領域を通して、学問はそんなに堅苦しいものでなく身近にある現象を順序立てて実証していくということの理解に役立てばと切に願います。今後は、英語定型表現研究をどのように英語学習者に教えたら効果的であるかという教育への応用を考え、その研究を進めていこうと考えています。

参 考 文 献

Websites

CNN.com – Transcripts: http://transcripts.cnn.com/TRANSCRIPTS/

Praat: http://www.fon.hum.uva.nl/praat/

Statista: https://www.statista.com/statistics/266808/the-most-spoken-languages-worldwide/

World Population Prospects: The 2017 Revision

https://esa.un.org/unpd/wpp/Publications/Files/WPP2017_KeyFindings.pdf

Corpus

British National Corpus（BNC）（http://scnweb.jkn21.com/BNC2/）

Corpus of Contemporary American English（COCA）（https://corpus.byu.edu/coca/）

Corpus of Historical American English（COHA）（https://corpus.byu.edu/coha/）

Database of Analysed Texts of English（DANTE）（http://www.webdante.com）

WordBanks*Online*（WB）（http://scnweb.jkn21.com/WBO2/）

Dictionaries

COB[8]: *Collins COBUILD Advanced Learner's Dictionary*, 8th edition. 2014. Glasgow: HarperCollins Publishers.

LDCE[6]: *Longman Dictionary of Contemporary English*, 6th edition, 2014, Longman, London.

『ロングマン』:『ロングマン英和辞典』2006，桐原書店，東京．

MED[2]: *Macmillan English Dictionary for Advanced Learners*, New edition, 2007, Macmillan Education, Oxford.

OALD[9]: *Oxford Advanced Learner's Dictionary*, 9th edition, 2015, Oxford University Press, Oxford.

OED[2]: *Oxford English Dictionary on Historical Principle 2nd edition on CD-ROM* (Version 2.0), 2000, Oxford University Press, Oxford.

『ユース』:『ユースプログレッシブ英和辞典』2004，小学館，東京．

Books and Papers

Aarts, B. (2011) *Oxford Modern English Grammar*, Oxford University Press, Oxford.

安藤貞雄 (2005)『現代英文法講義』開拓社，東京．

安藤貞雄 (編) (2011)『三省堂英語イディオム・句動詞大辞典』三省堂，東京．

Barkema, H. (1996) "Idiomaticity and Terminology: A Multi-dimensional Descriptive Model," *Studia Linguistica* 50 (2), 125-160.

Biber, D., S. Johansson, G. Leech, S. Conrad and E. Finegan (1999) *Longman Grammar of Spoken and Written English*, Longman, London.

Bloomfield, L. (1935) *Language*, Allen and Unwin, London.

Bolinger, D. (1977) "Meaning and Memory," *Forum Linguisticum* 1 (1), 1-14.

Carter, R. and M. McCarthy (2006) *Cambridge Grammar of English*, Cambridge University Press, Cambridge.

Celce-Murcia, M. and D. Larsen-Freeman (2015) *The Grammar Book*, 3rd edition, Heinle & Heinle Publishers, U.S.

Cowie, A. P. (1999) *English Dictionaries for Foreign Learners: A History*, Oxford University Press, Oxford.

Fernando, C. (1996) *Idioms and Idiomaticity*, Oxford University Press, Oxford.

Fernando, C. and R. Flavell (1981) *On Idiom: Critical Views and Perspectives*, Exeter Linguistic Studies 5, University of Exeter, Exeter.

Halliday, M. A. K. (1961) "Categories of the Theory of Grammar," *Word* 17, 242-192.

Howarth, P. (1998) "The Phraseology of Learners' Academic Writing,"

Phraseology: Theory, Analysis, and Applications, ed. by A. P. Cowie, 161–186, Oxford University Press, Oxford.

Huddleston, R. and G. K. Pullum (2002) *The Cambridge Grammar of the English Language*, Cambridge University Press, Cambridge.

今井邦彦 (1989)『新しい発想による英語発音指導』大修館書店，東京．

Inoue, A. (2007) *Present-Day Spoken English: A Phraseological Approach*, Kaitakusha, Tokyo.

Inoue, A. (2009) "A Problem of Phonetic Notation – Stress Patterns of Set Phrases Including "Day" in Dictionaries,"『英語音声学』(*English Phonetics*) 第 13 号，125–134，日本英語音声学会．

Inoue, A. (2011) "A Phraseological Approach to Finding the Functions of newly Observed Compound Prepositional Phrases until to and up until to in Contemporary English," *Lexicography: Theoretical and Practical Perspective* (ASIALEX (Asian Association for Lexicography) '11 Proceedings), 160–169.

Inoue, A. (2012a) "Functional Differentiation between Hesitation Fillers: The Case of *you know what* and *let's say*," *Phraseology and Discourse: Cross-Linguistic Corpus-Based Approach*, 165–172.

Inoue, A. (2012b) "Similar Functions of Phraseological Units: Cases of the Patterns '*and* + Conjunctive Adverb' and '*but* + Conjunctive Adverb," *Intercontinental Dialogue on Phraseology* 1, 79–99.

Inoue, A. (2013a) "Newly Observed Phraseological Units in Present-day English: The Example of *be in and out*," *Lexicography and Dictionaries in the Information Age* (Selected papers from the 8th ASIALEX International Conference), 145–160.

井上亜依 (2013b)「現代英語に観察される進化する定型表現とその実態 ——融合形 in and of itself と派生形 in and of を例として」*JASEC Bulletin* 22 (1), 1–15, 日本英語コミュニケーション学会．

井上亜依 (2014a)「コーパスを活用した古くて新しい学問領域：フレイジオロジー——理論編」研究社 web マガジン Lingua『リレー連載 実践で学ぶコーパス活用術』(http://www.kenkyusha.co.jp/uploads/lingua/prt/13/InoueAi1401.html)

井上亜依 (2014b)「コーパスを活用した古くて新しい学問領域：フレイ

ジオロジー――実践編」研究社 web マガジン Lingua 『リレー連載 実践で学ぶコーパス活用術』(http://www.kenkyusha.co.jp/uploads/ lingua/prt/13/InoueAi1402.html)

Inoue, A. (2014c) "Actual Behaviors of Newly Observed Phraseological Units Comprising Two Prepositions," *International Journal of English Linguistics* 4 (4), 74-87.

Inoue, A. (2015) "A Diachronic and Synchronic Study of the Alteration of Uniform Expressions from *those who* to *those that*," *International Journal of English Language and Linguistic Research* 3 (3), 28-50.

Inoue, A. (2017) "Newly observed Phraseological Units beyond the Explanations of Existing Linguistic Frameworks – *the Way how* as an Example," *International Journal of English Language and Linguistics Research* 5 (3), 1-19.

井上亜依 (2018)『英語定型表現研究の体系化を目指して――形態論・意味論・音響音声学の視点から』研究社, 東京.

井上亜依・八木克正 (2008)「英語音声表記の問題点――英和辞典における前置詞・不変化詞を伴う成句のストレスについて」『英語音声学』(*English Phonetics*) 第 11 号・12 号合併号, 55-69, 日本英語音声学会.

石橋幸太郎 (編) (1966)『英語語法大事典』大修館書店, 東京.

小西友七 (編) (2006)『現代英語語法辞典』三省堂, 東京.

Leech, G. (1980) *Explorations in Semantics and Pragmatics*, John Benjamins, Amsterdam.

Leech, G. and J. Svartvik (2002) *A Communicative Grammar of English*, 3rd edition, Routledge, London.

Macleod, N. (1985) "According to Me, Sentences like This One Are O.K.," *Journal of Pragmatics* 9, 331-343.

Makkai, A. (1972) *Idiom Structure in English*, Mouton, The Hague.

Moon, R. (1998) *Fixed Expressions and Idioms in English*, Clarendon Press, Oxford.

O'Connar, J. D. and G. F. Arnold (1961) *Intonation of Colloquial English*, 2nd edition, Longman, London.

Palmer, H. E. (1933) *Second Interim Report on English Collocations*, Kaitakusha, Tokyo.

Quirk, R., S. Greenbaum, G. Leech and J. Svartvik (1985) *A Comprehensive Grammar of the English Language*, Longman, London.

住吉誠 (2005)「「理由」を表す on account of――前置詞用法と接続詞用法――」『英語語法文法研究』第 12 号，110-124.

Swan, M. (2016) *Practical English Usage*, 4th edition, Oxford University Press, Oxford.

Van Lancker, D. and G. J. Canter (1981) "Idiomatic versus Literal Interpretations of Ditropically Ambiguous Sentences," *Journal of Speech and Hearing Research* 24 (1), 64-69.

Van Lancker, D., G. J. Canter and D. Terbeek (1981) "Disambiguation of Ditropic Sentences: Acoustic and Phonetic Clues," *Journal of Speech and Hearing Research* 24 (3), 330-335.

Vendler, X. (1967) *Linguistics in Philosophy*, Cornell University Press, U.S.

渡辺登士 (編) (1976)『続・英語語法大事典』大修館書店，東京.

渡辺登士 (編) (1995)『英語語法大事典 第 4 集』大修館書店，東京.

Xiao, R. (2015) "Collocation," *The Cambridge Handbook of English Corpus Linguistics*, ed. by D. Biber and R. Reppen, 106-124, Cambridge University Press, Cambridge.

八木克正 (1999)『英語の文法と語法――意味からのアプローチ』研究社出版，東京.

八木克正 (2004)「意味的統語論から見た want の補文構造」『英語研究の諸相――言語・教育・文化――』，後藤弘 (編)，15-35，共同文化社，札幌.

八木克正・井上亜依 (2004)「譲歩を表す成句表現にともなう省略現象と機能転換」『英語語法研究』第 11 号，158-173.

八木克正・井上亜依 (2013)『英語定型表現研究――歴史・方法・実践』開拓社，東京.

安井稔 (編) (1996)『例解 現代英文法事典』(第 6 版)，大修館書店，東京.

安井稔 (2007)『改訂版 英文法総覧』開拓社，東京.

索　引

1.　概念・用語ともアルファベット順に配列した。
2.　数字はすべてページ数を示す。f. は次ページに続く，ff. は次
　　ページ以降にも続くという意味である。fn. は脚注を示す。

概　念

bottom-up approach（積み上げ方
　式）　13
文中で使用される位置　15
文法規則外　7
文法規則内　7

collostruction　8
collostuctional analysis（コロケー
　ションの構文分析）　8
コロケーション（collocations）
　vi, x, 4f., 7f., 27, 61f., 68, 71, 73,
　77f., 168
consistency of existing words（既
　存の語使用の一貫性）　24, 167
コーパスに基づくアプローチ
　（corpus-based approach）　18
Corpus Pattern Analysis（コーパ
　スから得られた型の分析，略し
　て CPA）　19

談話辞（discourse particles /

markers）　4ff., 18, 168
電子言語資料収集体（corpus, 複
　数形は corpora）　9
dispersion（分散）　24, 167
独立した研究領域　12
同義的　42

英語辞書学　11
英語定型表現　viif., xff., xivf., 3ff.,
　7ff., 23ff., 32f., 35, 37, 46, 52,
　55f., 58ff., 71, 78ff., 89ff., 93,
　100ff., 104f., 129, 131f., 147,
　149f., 157, 163ff., 171f.
英語定型表現研究　vii, ix, 1, 3f.,
　8ff., 10fn., 19, 23, 26, 33, 93, 129,
　165, 169, 171f., 176f.
English phraseology　vii

fixedness（固定性）　24, 167
formal spoken English　18
frequency（頻度）　24
付加詞　29
複合不変化詞　131

179

複合（compounding） 19, 21f.
古くて新しい学問 11
フレーズ（phrase） vif., 3

外面的特徴 18f., 32
現代英語 14, 23, 35, 45, 59, 94,
　96f., 97fn., 99, 123, 175
言語汎用目的コーパス（general
　purpose corpus） 16
言語経済の法則 ix, 32, 56, 78,
　100, 157, 166f.
言語一般的な概念 19ff.
語彙文法的固定性（lexicogram-
　matical fixedness） 29, 45
語形成（の）方法（規則） 19, 21,
　23f., 56, 157, 166
語根創造（root creation） 19,
　19fn.
誤植 37, 47, 68, 95, 97
群前置詞 xi, 30f., 80f., 87, 107,
　109f., 121f., 126, 128ff.
逆形成（backformation） 19,
　19fn., 22

派生（derivation） 19, 79
変異 x, xiv, 15, 35ff., 46ff., 54ff.,
　76f.
（意味的）非構成性（（semantic）
　non-compositionality） 28f., 45
品詞転換 52
頻度 xiv, 5ff., 24f., 46f., 50, 52f.,
　58, 71f., 77, 93, 122, 154, 157f.,
　163, 167

比喩的イディオム（figurative
　idiom） 28

異分析（metaanalysis） 19, 19fn.,
　22
1語もしくはハイフンでつながれ
　ている 29, 45
イディオム（idioms） ix, x, 4f., 7,
　12f., 15, 27ff., 35f., 42, 45f., 54ff.,
　62, 76f., 168, 174
イディオムのポーズやイディオム
　全体の音声的短さ 29
イディオム性（idiomaticity） ix,
　x, 27ff., 28fn., 36f., 45, 58ff., 62
イディオムは変化もしくは成長す
　る 37
意味に基づいた概念 19, 21
意味的透明性 7
意味的統語論 14, 18, 177
イントネーション 15, 15fn.

自動詞用法 61ff., 67f., 71, 77
自由連結句（free combination）
　28
冗漫 32, 157, 167
譲歩 xi, xiv, 79f., 86ff., 92f., 98ff.,
　105, 177
純粋なイディオム（pure idiom）
　28, 58

慣例化（institutionalization） 29,
　45, 58
頭文字語（acronym） 6, 19

継続動詞　139, 144, 153, 156

ケニング　23

決まり文句 (lexical bundles／
　formulae)　4ff., 44, 168

機能変化　27, 79, 99f.

混交 (blending)　19, 22, 50, 52,
　54ff., 59, 107, 126, 128ff., 148f.,
　153, 155ff., 166

ことわざ (proverbs／sayings)
　4ff., 35, 68, 168

後期近代英語　97, 97fn.

句動詞 (phrasal verbs)　4f., 7,
　42, 168

句の語彙化 (lexicalization of
　phrases)　19, 19fn., 23f., 166

共時的 (観点)　37, 97, 124

内面的特徴　19, 23, 46

馴染みのある語同士が連続して使
　用される場合 (continuous)　21

Old English (OE) 時代　23

音声分析ソフト (praat)　15f.

応用言語学　11

phrasemes　4fn.

phraseological units (定型表現,
　略して PUs)　4, 175f.

レジスター (使用域)　24, 36fn.,
　114, 157

労力節減　32, 56, 78, 100, 167

類推　19, 22f., 62, 68f., 71, 76, 91,
　99f., 102, 166

量的調査　xff., 37, 46, 54, 66, 94,
　109, 123, 150

制限的コロケーション (restricted
　collocation)　28

接続詞化　80, 93

質的調査　xff., 37, 49, 54, 66, 97,
　109, 124, 151

(英語定型表現の) ストレスパタン
　ルール　vii, 16, 56, 157

SVC　63, 63fn., 68f.

SVO　63f., 63fn.

SVO_1O_2／SVO_2 for O_1　63f., 63fn.

SVOC　63f., 63fn.

借用 (borrowing)　19

省略 (shortening)　18f., 21f, 54ff.,
　79, 89, 99f., 156, 166

他動詞用法　61ff., 77

多義　5ff., 14, 29, 73, 168

単義　7, 30, 73, 81

達成 (動詞)　155fn., 156

定型句 (fixed phrases)　4ff.,
　12ff., 26f., 79, 168

定型表現　vi, 3f., 9, 21, 23ff., 117,
　175

転換 (conversion)　19

時を表す前置詞　163

特殊目的コーパス (specific
　purpose corpus)　17

統語的もしくは文法的単位の形成
　29, 45

倒置　20f., 23

通時的（観点）　37, 47, 97, 124
短縮　20f., 23
直説法　98f.

様態や場所を表す前置詞　163
融合　19f., 22f., 50, 52, 54ff., 166

前置詞化　80

英単語・英語定型表現

a flash in the pan（一時的な成功）
　29
according to　xi, xiv, 30, 107ff.,
　121f., 126ff., 151, 176
account of ＋ 節　79, 91f.
and yet / but yet　14, 20f., 26f.
annoy sb　62
as it was　15, 20, 22, 27

(be) in and out　14, 20, 22, 27,
　131
be in to　14, 20, 22, 27, 131
be on against　14, 20ff., 27, 131
became / grew / turned ＋ angry /
　mad　72, 74ff.
because of（〜のために）　28, 30,
　85
blow a fuse　62
blow one's stack　62
blow the roof　62
blow your top　62

break the ice（口火を切る）　29
by and large（概して）　29
by means of　25, 30, 104

call the shots（支配する）　28
care about　52ff., 57, 59
care for　x, 37ff., 49f., 54ff., 59
care of　ix, xiv, 15, 20, 35ff., 45ff.,
　52ff., 57, 59, 166
［care of ＋ 人］（「〜の面倒をみる」
　の意味）　53ff.
［care of ＋ 人］（「〜を気にかける，
　好き」の意味）　53ff.
compliance　xi, 110, 119ff.
conformance　xi, 110, 119ff.
crazy（狂った）　72f.

despite　81ff., 101f.
drive sb mad　62

-ed form から φ form　20, 22, 26
enough is enough（もうたくさん）
　28

flip one's lid　62
fly off the handle　62
for all　86, 88f., 101f.
for the purpose of　104
from A until to B　20ff., 27, 149

get angry / mad　x, 62ff., 67ff, 71,
　78
get on one's nerves　62

索　引　　183

go and do / go to do / go do　14,
　20f., 26
go ballistics　62, 76
go bananas　62, 76
go berserk　62, 76f.
go mad　x, 71ff.
go nuts　62, 76f.

here we go / here we go again　6,
　14, 20f., 26
hit / go through the roof / ceiling
　62
（人を表す）those that　15, 20, 22,
　27, 32, 176
法助動詞の名詞形（should and
　oughts, musts and shoulds,
　etc.）　20, 22, 26
how come …?　14, 20, 22, 27

ice-breaker（（場の雰囲気を）和や
　かにする人）　29
ice-breaking（空気をほぐす）　29
in accordance to　xi, xivf., 20,
　29f., 107ff., 119, 123ff., 166
in accordance with　xi, xiv, 107ff.,
　117ff., 121f., 128ff.
in and of　14, 22, 27
in and of itself　14, 20, 22, 27
in case of　30, 104f.
in compliance with　xiv, 120ff.,
　121fn., 126
［in compliance with＋規則, 法,
　要求, 同意を表す単語］　121

in conformance with　xiv, 120ff,
　121fn.
［in conformance to / with＋規則,
　命令］　121
in spite（節末副詞）　89
in spite＋名詞句　89
in spite＋名詞節　89
in spite of（前置詞用法）　90
in spite of＋oneself　82, 84
in spite of＋節　xf., xiv, 15, 20,
　79f., 92ff., 166
in spite of （＋） the fact that
　81ff., 88, 99f.
irrespective of（前置詞用法）　90
irrespective of＋節　xiv, 101ff.
irritate sb　62
it looks that 節　14, 20, 22, 26

kick the bucket（死ぬ）　28
kith and kin（親類縁者）　28

let's say　6, 14, 20f., 26, 175
long in the tooth（中年過ぎの）
　29
look after　x, 37ff.
［look after＋人］（「～の面倒を見
　る, 世話をする」の意味）　42,
　45
［look after＋物］（「～に対応する,
　責任を持つ」の意味）　42
lose it　62
lose one's temper　62
lose your rag　62

make angry／mad x, xiv, 20,
61ff., 65ff., 77f., 166
make sb angry／mad x, 62ff.,
68f., 78
make／get someone／sb angry／
mad 62
meet the demand（要求に応じる）
28
mentally ill（精神的に病気である）
73

not A but B（相関接続詞） 22,
98
not A though A′ but B 20, 22,
27
not only A though A′ but B 20,
22, 27
notwithstanding（前置詞用法）
86, 88ff.
notwithstanding＋節 xiv, 101f.,
104

on account（前置詞・接続詞用法）
79
on account＋節 81f., 91f.
on account of（前置詞用法） 79
on account of＋節 91
on behalf of 104
on the basis of 104
open a window（窓を開ける）
28

regardless of（前置詞用法） 79,

88ff., 101
regardless of＋節 xiv, 101ff., 105
run one up the wrong way 62

spill the beans（秘密を漏らす）
28

take care about ix, xiv, 20, 35f.,
46ff., 51ff., 57, 59, 166
［take care about＋事］（「～を気
にかける」の意味） 52, 54f.
［take care about＋人］（「～の面
倒をみる」の意味） 52, 54f.
take care for ix, xiv, 15, 20, 35,
38, 43, 45ff., 53ff., 59, 166
［take care for＋事］（「～に対して
責任がある」の意味） 50, 54ff.
［take care for＋人］（「～の面倒を
みる」の意味） 50, 54ff.
take care of x, 35ff., 50, 54f.,
57ff., 139
［take care of＋人／物］（「～の面
倒を見る，世話をする」の意味）
42
［take care of＋物］（「～に対応す
る，責任を持つ」の意味） 42
take responsibility for 43
the way how（to do） 15, 20, 22,
26
the way how 節 22, 26
though A but B 14, 20ff., 27
through thick and thin（良い時も
悪い時も） 29

uncontrolled（制御できない）　73

until after　132ff., 145, 147, 153,
　156, 158

until before　xii, xv, 7, 15, 20, 26,
　29f., 131f., 134f., 149ff., 155ff.,
　163f., 166f.

［(up) until before＋時を表す名詞
　（句）］　152

until by　xii, xv, 7, 15, 20, 26, 29f.,
　32, 131f., 134ff., 149ff., 154ff.,
　159, 163f., 166f.

［until by＋終点を表す名詞（句）］
　155

until to / up until to　xii, 13f.,
　20ff., 26f., 32, 131f., 147ff., 162

［until＋前置詞］　158, 163

with all　86, 88f., 101f.

you know what　6, 13f., 20f., 26,
　175

［前置詞 1＋名詞＋前置詞 2］（［前
　1＋名＋前 2］）　30, 80

［前置詞＋［前置詞句］］　132, 145

井上　亜依　（いのうえ　あい）

　防衛大学校　総合教育学群外国語教育室　准教授。博士（言語コミュニケーション文化）。

　著書：『英語定型表現研究の体系化を目指して──形態論・意味論・音響音声学の視点から』（単著，研究社，2018，第12回日本英語コミュニケーション学会学会賞受賞），『英語定型表現研究──歴史・方法・実践』（共著，開拓社，2013），*Present-Day Spoken English: A Phraseological Approach*（単著，開拓社，2007）。その他，共著書（6冊），編著書（2冊）有り。

　論文："English phraseological research on *until by/before* working as complex prepositions"（*International Journal of English Linguistics*. Vol. 9, No. 1, pp. 1-14, 2019），"Functional conversions of phraseological units working as prepositions: The case of group prepositions expressing concession"（*International Journal of English Language and Linguistic Research*. Vol. 6, No. 3, pp. 32-56, 2018），"Newly established idioms through the blending of semantically similar idioms──*take care for, take care about,* and *care of* "（*Lexicon*, No. 48, pp. 1-24, 2018）など，30本以上。

　国内・国際学会での発表70件以上，これまで学会賞5回受賞。

英語のフレーズ研究への誘い　〈開拓社　言語・文化選書81〉

2019年6月27日　第1版第1刷発行

著作者　　井 上 亜 依
発行者　　武 村 哲 司
印刷所　　日之出印刷株式会社

発行所　　株式会社　開 拓 社

〒113-0023 東京都文京区向丘1-5-2
電話　（03）5842-8900（代表）
振替　00160-8-39587
http://www.kaitakusha.co.jp

© 2019 Ai Inoue　　　　　　　　　　ISBN978-4-7589-2581-5　C1382

JCOPY ＜出版者著作権管理機構　委託出版物＞
本書の無断複製は著作権法上での例外を除き禁じられています。複製される場合は，そのつど事前に，出版者著作権管理機構（電話 03-3513-6969，FAX 03-3513-6979，e-mail: info@jcopy.or.jp）の許諾を受けてください。